上海社会科学院院庆 60 周年口述系列丛书

徐涛 编著

中国欧洲一体化研究的拓荒者

——伍贻康先生口述历史

复旦大学出版社

作者简介

　　徐涛，1982年生于山东省五莲县。华东师范大学历史学博士，上海市"晨光计划"、"曙光计划"学者，现为上海社会科学院历史研究所副研究员。从事中国近代史研究，承担国家社科基金项目2项，出版学术专著《孙中山与上海》和《自行车与近代中国》，主编英文学术论文集*The Habitable City in China*，于*Urban History*、《近代史研究》等学术期刊发表论文40余篇，编撰《上海的美国文化地图》、《城市的嬗变及展望》、《西制东渐》等著作。论著曾荣获"孙中山与近代中国研究青年学术奖"一等奖、"张仲礼青年学术奖"等。

内容提要

伍贻康同志曾任上海市高等教育局常务副局长、上海社会科学院世界经济研究所所长，是中国欧洲一体化研究领域的开拓者和学术领头人。他生于抗日国难之际，长在红旗飘扬的年代。改革开放后，他在复旦大学创建中国高校和科研机构第一个欧洲共同体研究室、创立我国第一个欧洲资料中心，最早与欧共体建立学术交流。他是"世纪之辩"夺冠荣归的复旦大学辩论队领队，一群人的精彩绝伦引发一代人的骄傲与共鸣。他调任上海市高等教育局后，成为上海高校体制改革的探索者和弄潮儿。他更是一位学者，如愿在自己一生挚爱的科研岗位上荣休。本书展现了几代人的命运起伏、一个人的探索进取，从中可品味近代中国百余年，特别是新中国70年历史嬗变的波澜壮阔。

1998年7月访问卢森堡，拜访卢森堡前首相兼财政大臣、人尊"欧元之父"的维尔纳；左为中国驻卢森堡大使丁宝华

1990年5月，与我国前任外交部长黄华摄于复旦大学

复旦大学谢希德校长欢迎复旦大学辩论队凯旋

1997年9月，上海社会科学院世界经济研究所庆贺杨思正研究员70寿辰；左一为时任所长助理徐明棋，左二为时任副所长张幼文

1993年4月，摄于加勒比海一小岛机场的私人飞机旁

1994年10月，摄于泰国曼谷大饭店

1996年，在韩国首尔"一号国宝"南大门旁

2001年9月，应邀前往加拿大维多利亚岛参加国际学术研讨

1998年，摄于上海郊区

1999年，摄于上海浦东新建的区政府大楼

1994年9月，欧盟委员会前秘书长诺埃尔和欧盟官员拉斯特诺斯夫人来家中做客

2010年9月世博会期间，哥哥、弟弟、妹妹齐聚上海，这是家中几十年来的盛事

序 一

上海社会科学院成立于1958年,由1956年组建的中国科学院上海经济研究所和中国科学院上海历史研究所(复旦大学历史系),以及上海财经学院、华东政法学院、复旦大学法律系合并而成,至今已经60周年。

60年来,上海社科院作为成立最早、规模最大的地方社科院,作为党和政府的思想库、智囊团,无论是在基础学科领域还是在应用研究领域都做出了积极贡献。上海社科院从建院之初就汇聚了一大批理论扎实、学养深厚的学者,其中有投身革命文武兼备的高级将领,有在学术领域钻研多年的专家教授,也有从海外学成归来的知名学者,如李培南、雷经天、沈志远、李亚农、黄逸峰、姚耐、冯契、孙怀仁、雍文远、邹依仁、王惟中、周伯棣、汤志钧、褚葆一、张仲礼等。在他们的努力下,一批具有重要影响的学术成果陆续推出,《政治经济学教材(社会主义部分)》《上海小刀会起义史资料汇编》、《鸦片战争末期英军在长江下游的侵略罪行》、《恒丰纱厂的发生发展与改造》、《南洋烟草公司史料汇编》、《解放前后上海物价资料汇编》、《五四运动在上海史料选辑》、《辛亥革命在上海史料选辑》、《上海棚户区的变迁》、《大隆机器厂的发生发展与改造》等学术成果成为经典。

1978年，党中央、国务院召开全国科学大会，哲学社会科学迎来大发展，上海社科院正式复院。复院之后，上海社科院在努力召集原有学术力量的基础上，积极扩充和发展科研人才队伍。一批著名的专家学者如许本怡、周煦良、方诗铭、陈敏之、唐振常、夏禹龙、姚锡棠、齐乃宽、陈伯海、瞿世镜、伍贻康等成为学术中坚。《旧中国的民族资产阶级》《上海经济发展战略》《柏拉图哲学评述》《戊戌变法史》《沙逊集团在旧中国》《蔡元培传》《中国近代民主思想史》等一批功底扎实的著作陆续推出，其中《住房还是商品》获得首届孙冶方经济科学论文奖，《社会必要产品论》获得第二届孙冶方经济科学著作奖。特别是在张仲礼老院长的支持下，在上海社科院历史研究所、经济研究所诸多同仁的共同努力下，上海史研究异军突起，一大批优秀成果问世，成为国内外学术领域的旗帜性代表。《荣家企业史料》《上海大辞典》《上海城市社会生活史》（丛书）、《上海通史》（1999年版）等成果都取得了广泛的社会影响。

在贡献学术经典的同时，上海社科院密切关注国家战略，聚焦上海发展，在一些事关国家与上海发展的重要问题和决策中发出了自己的声音。如《大力发展商品经济与改革经济管理体制》《对上海长远规划的建议》《关于上海发展对外贸易的九条建议》等为上海市委、市政府提供了很好的决策建议。1982年建议设立长三角经济区、1984年提出举办世博会选址浦东、1985年提出浦东大开发建议，都是涉及国家发展的重大问题，并已成为现实。

2015年上海社科院成为首批国家高端智库建设试点单位。全院以习近平新时代中国特色社会主义思想为指导，积极响应中央加强中国特色新型智库建设的号召，加快构建国内一流、国际知名的社会主义新智库。2018年是上海社会科学院建院60周年，一个甲子的峥嵘岁月，上海社科院始终立足使命，屹立在时代前沿。理论探索，孜孜以求，实践真知，不曾停歇。

展望未来，发展是第一要务，人才是第一资源。值此建院60周年之际，我们把建院以来著名老一辈专家学者的治学经历与学术思想,以口述史的形式展现出来。通过口述历史总结老一辈专家学者的优秀精神品质和学术风骨,对于帮助青年一代学者更加深刻地学习传承上海社科院的优良学术传统将有十分积极的作用。

典数过往,得温前史,益知创业之艰。传承精神,常怀感恩,弥烈兴邦之志。是以为序,与读者共飨。

于信汇

2018 年 6 月

序二

　　放在我们面前的这部《伍贻康先生口述历史》不是纯粹的个人经历回顾，而是国家社会科学事业发展在一位老教授身上的缩影；不是一位学者专业研究经历的自我介绍，而是我国世界经济学科建设发展尤其是欧洲一体化研究的一个侧面；不是一位退休老人对个人研究生涯的回忆，而是一位资深专家对年轻学人讲述的励志故事。作为一个与伍老师相识近 40 年的昔日同事，我深感这部口述史给人的启迪与激励。

　　伍老师是中华人民共和国自己培养的第一代研究生，当时称为副博士，他经历了我国国际问题研究从起步至今的全部发展历程。1964 年国家对国际问题研究作出规划，在按国别地区分工的部署中，复旦大学世界经济研究所定位于欧洲研究。此前从复旦历史系毕业并留校工作的伍老师成为研究所最早的科研人员之一。在过去的 60 年中，欧洲经济特别是其一体化进程中的每一个关键问题，都被收录在伍老师的分析探索之中。年过八旬的伍老师当年曾先后担任全国和上海多个欧洲相关学术团体的领导，当之无愧地被公认为是我国欧洲一体化研究最资深的专家和前辈。

　　我国世界经济研究发展中的最大变化是从对世界经济按国别地区分工研究，到对经济全球化按专题展开分析，伍老师不仅经历了这一变化，更重要的是他亲自参与并推动了这一变化。1995年伍老师被任命为上海社会科学院世界经济研究所所长。该所有着与复旦大学世界经济研究所相似的经历，国别地区研究是当时的基本架构。由于伍老师具有广博的知识、丰富的阅历，他下决心改造传统的学科架构，将研究所重新划分为国际贸易、国际金融、国际投资、全球化经济理论等研究室，并以国际政治经济学和区域研究相配合，打造了一个理论与应用、经济与政治、专题与区域兼顾，以对外开放中面临的战略性问题为主要对象的研究布局。此后研究所的发展证明，这种学科架构设计很好地适应了对外开放战略与政策研究的需要。数年以后上海社会科学院整体定位于建设社会主义新智库，到2015年被确定为首批国家级高端智库之一，而世界经济研究所的上述布局完全能够适应国家的需要。

　　可以毫不夸张地说，伍老师的学术生涯始终伴随着经济全球化的进程，他所专长研究的欧洲本身就是世界经济全球化、一体化的先驱和标志。在20世纪和21世纪之交，经济全球化潮流不断加速，中国加入世界贸易组织更是融入全球化潮流的重大战略。伍老师所带领的世界经济研究所团队推出关于全球化各个专题的"经济全球化论丛"与关于中国入世的"双赢丛书"共20余册，打造了两大标志性成果，其中"经济全球化论丛"获得上海市哲学社会科学优秀成果著作一等奖。世界经济研究所的学科定位与科研水平得到学界的普遍认同。

　　伍老师是一位领导型学者，也是一位学者型领导。从复旦大学科研第一线的教授升任复旦大学世界经济研究所副所长、经济学院副院长、复旦大学副教务长、上海市高教局副局长，他长袖善舞；从上海市高教局领导调任上海社会科学院世界经济研究领军岗位，他如鱼得水。狮城舌战曾给整整两代人留下了精彩回忆，多少年后人们依然传颂，获得优胜的复旦大学辩论队的领队是伍贻康。伍老师在每一个岗位、每一件工作上都留下自己闪亮的印迹。

认识伍老师的人都有个共识,那就是伍老师身上永远洋溢着一种崇高的学术热情。作为我国最早一代从事世界经济研究的学者,他已年过八旬,但依然穿梭于欧洲各国,往返于两岸三地,现身于学术论坛,畅谈于内部交流。人们依然不断聆听到他基于清晰判断的洪亮声音、基于海量信息的分析推理,学界晚辈无不为之惊讶和赞叹,敬仰之情油然而生。

我本人走上世界经济研究所的领导岗位是从做伍老师的副手开始,正是他的言传身教让我走进管理工作和学科建设之门。从工作商议到茶余饭后,我一次次地从伍老师那里体会到他博学的内涵、知识的张力、学问的厚重和视野的价值。撰写这篇序言让我再次重温伍老师的事业和成就,往日情景一幕又一幕地回到眼前,我从中收获一份又一份新的感悟。

张幼文

2018 年 11 月

前 言

　　通常人老了都偏爱回忆过去的岁月年华。我曾读过一些知名人士和革命先辈的回忆录，近几年也翻阅过一些人士的口述历史，但我本人原来从未想过要写回忆录之类的东西，认为自己是个凡夫俗子，回忆出书既是奢望，也难成书，因为我从没有写日记的习惯，没曾为自己的经历留下除个人论著之外的即时文字记录。2016 年年底，情况发生了变化，我考虑投入精力，全面系统地回忆已经逝去的年华岁月，以口述历史方式出版这样一本图书。

　　缘由是上海社会科学院领导部门研究决定：为配合 2018 年我院 60 周年大庆，要选择若干名老学者陆续出版一套口述历史丛书，我竟入选首批行列。2016 年 11 月下旬青年学者（院历史研究所副研究员）徐涛约我商谈该事。记得徐涛曾经在 2014 年时采访过我，为我写出了一份约 5 千字的学者小传。徐涛希望我以那篇粗略小传为基础，通过扩大、加深、细化地回忆归纳，以口述历史的方式，我俩合作完成本书。我认真考虑了他的建议。自己已到了耄耋之年，奋发工作、献身事业也临近终点，趁自己身体尚健康、思考问题还能行，履行这样一个任务可以促使自己进行一次较为认真负责、全面系统的自身成长发展经历的回顾反思，整理自己一生中所作所为、所思所想，进行较为完整而具体的过影式追述，从而为本人80多年的生平活动留下些具有个性特点的足迹印记，这样既可以接受别人考评，也为自己来到这个世界作个汇报交代。这样一本口述历史于己于人都还能算件幸事。因此，感谢组织的关怀厚爱和徐涛的鼓励支持、悉心配合，我决定尽力、认真、负起责任地成就此书。

确定接受任务后，我努力寻找家中尚存留的一切相关资料实物，尽可能追索记忆起人生经历中若干关键时段和重大事件与问题的真实原始状况，以及我本人当时的作为和思想态度。在其后一年多时间里，通过和徐涛持续12次交谈叙述和纪录的修正，终于完成了这部个人口述历史的第一阶段工作。

像我这个年岁的人，在我所生活的年代里可算是承上启下的一代。我们出生和幼小时段都生活在动荡战乱之中，受教育和成长工作则又经历了中华人民共和国迄今所有跌宕起伏、伟大变革的所有各个历史时期。与此同时，世界形势和国际格局也发生了天翻地覆的大动荡、大变革、大发展、大调整，我们所处的全球化时代一切都快速推进，科技进步更是日新月异，整个世界正在大大地变样，中国呈现出史无先例的令人惊奇的神速变革发展。我们经历并生活工作在这一无比激荡、复杂多变的伟大时代，理应感受极其幸运。

就我个人来说，自大学毕业之日起，就是一切听从党和组织的安排，党叫干啥就干啥；经风雨见世面，努力学习，尽力把分配给我的工作任务干好。我40岁时正逢"文化大革命"结束的历史转机，严酷逼迫的种种挑战，瞬息难得的各类机遇，时时考验每一个人；人到中年逐渐走向成熟，在改革开放大好形势教育推动下，逐渐懂得怎样做人，如何干事，表什么态，走什么路，走快走慢，……一切尽在人为。有幸我的后半辈子能够审时度势，抓住一些机遇，勤奋工作，开拓进取，选择走上一条紧跟时代发展、比较适宜自己发挥才智能力的学术发展道路，这是一条有个人特色的人生发展轨迹，使自己在这一伟大时代里塑造了一个属于自己并能服务国家和社会发展的人生道路。这一自我选择开拓的学术生涯,直至退休晚年生活都深感舒畅、充实和幸运。

我的一生先后在复旦大学、上海市高等教育局、上海社会科学院3个单位,从事教学、科研和管理等工作,同时借助学术研究和国内外学术交流的机会,积极利用中国欧洲学会、中国世界经济学会和上海欧洲学会、上海国际关系学会等学术平台,致力于推进教育培养和学术发展的事业,做了一些有益于社会进步和学术繁荣的工作。不言而喻,我所有这些工作离不开前辈、领导、同事、亲朋们的多方指导、支持和帮助,得以使自己在工作中不断得到锻炼提高并逐步感悟走向成熟。我的工作中有一个特点:勤奋在书斋并能够走出书斋,闯荡开拓新天地,成为一个乐于担当,善于用人,能够协调合作,多干实事的学术活动身体力行的积极组织者。

然而,综观我一生的作为品行,尽管工作单位一再调动,工作职责和身份多有变换,但是我自认本质上仍然是并适合做一名恪守职责的学者书生,学术生涯则是我一生中生活和工作的主体。几十年里我结缘欧洲一体化探索研究,坚持不懈,从未中断;工作职务不断变动,但我把探索跟踪剖析研究欧共体—欧盟一体化当作一项事业对待,坚定不移。即使正式卸职退休了,只要身体健朗,我对欧洲一体化发展动态和学术思考、学术交流就不会停息。我视学术为生命之源泉,给我退休生活带来充实提高,享受所谓自得其乐、乐在其中的乐趣。若有抱憾和内疚,就是自愧天赋欠缺,才疏学浅,学术功力有限,心有余而力不足,对欧洲一体化研究仅仅只做了些开拓性、探索性、基础性工作,未能贡献个人重磅理论力作或传世佳作。

人来到这个世上就是缘分,能够在这世上留下一份自己的人生活动轨迹的纪实,既可以接受各方面考评,也将作为代际沟通的媒介,这对我个人而言,肯定是一件极其快慰的事情。巧合的是,我一生中最黄金时段是在复旦大学得到培养,一路成长,我在复旦大学待过整整35个年头,在我离开复旦大学30年之后,竟然又由复旦大学出版社出版我的口述历史一书,这绝对是一段难得的缘分。我珍视这一缘分,怀着真诚感谢的心情,向帮助本书出版的所有人士深深致敬,尤其要向徐涛和梁玲致以万分道谢。没有各位鼎力相助，此书肯定不会问世。

当然，还必须感谢我的同事、著名学者张幼文研究员特为本书作序。是序无疑为本书增添光彩，其溢美之词则使我汗颜。

伍贻康

2018 年 12 月写于瑞南书斋

目 录

一、 在动乱年代中长大

世代为官，回回名门

我姓伍，名贻康，回族人。家中世世代代都是信奉伊斯兰教的穆斯林。伍氏家族的来龙去脉清清楚楚，这要多谢我的一个本家兄弟伍贻业。伍贻业是中国伊斯兰教协会的副会长，更重要的是他为南京大学历史系教授，并且在南京的图书馆里发现了《伍氏宗谱》，这里记载了伍氏家族的发展脉络。

根据《伍氏宗谱》的记载，我们伍氏家族的始祖要追溯到一位名为伍儒的先人。伍儒是一位"西域"人，不远万里，由中亚细亚的撒马尔罕来到中国，在应天府金陵城（今南京市）落籍，担任了明朝钦天监漏刻科博士，在设立于城外南郊的雨花台山麓下回回司天监工作。撒马尔罕最迟在公元前7世纪就已经建城，是古代丝绸之路的重要枢纽城市之一，有"沙漠明珠"的美誉。1370年，撒马尔罕成为帖木儿帝国的首都，帖木儿曾发誓让撒马尔罕成为"亚洲之都"。到了帖木儿的孙子兀鲁伯统治时期，撒马尔罕进入发展的黄金时期。兀鲁伯不仅是统治者，也是一名学者，他大力赞助伊斯兰教文化教育，建立多所伊斯兰经学院，培养了很多学者。1430年，兀鲁伯在撒马尔罕城的郊区建造起规模巨大的天文台，成为中世纪具有世界影响、中亚地区最大的天文台。由兀鲁伯天文台编制的《新天文表》，成为当时测定星辰最准确的纪录。伍儒就是撒马尔罕培养的这批天文历法学家中的一位。

关于伍儒迁往中原的具体时间，通过比对《伍氏宗谱》和《明实录》中的记载，伍贻业研究认为是在"洪武二年夏四月庚午"。朱元璋属下很多功臣都是回族人，信奉伊斯兰教，所以他对伊斯兰教比较尊重。朱元璋当上皇帝之后，皇宫里面需要气象专家"职专司天"，而当时伊斯兰天文历法处于世界领先水平，于是"征故回回司天台郑阿里等十一人至京师，命给饩廪，赐衣服有差"。郑阿里是明代著名天文学家，伍儒极有可能就是这次随郑阿里来京的 11 人中之一。

明洪武二年(1369 年)，伍儒奉诏到南京就任钦天监漏刻科博士，从九品官，官不大，但是技术性很强。当时南京钦天监有两个，伍儒供职的中华门外雨花台山麓的回回司天监，是朱元璋为聘请自元代征诏来华的一批阿拉伯和中亚信仰伊斯兰教的天文、历算专家而设立的机构，后改为"回回科"，至清代初期方废止。因为明朝制度任此职者"宜令久仕，非奉特旨不得升补"，所以伍儒在回回司天监供职达 51 年之久，于永乐十八年(1420 年)病故。伍儒迁居南京后，赐第天津街，后舍宅为寺，据传此寺即为净觉寺。由于家学渊源，伍儒后人曾"历五世皆世其官"，后其子孙虽转营他业，然多数世居南京，现中华路上尚有伍氏后裔居住，与净觉寺仅一墙之隔。

听我的父亲说，我家姓"伍"，原本是一个音译困难的技术性问题。伍儒本来是有自己的名字的，但是姓名很长，十几个字、几段名，洪武皇帝很难记得。因为伍儒是从乌兹别克来的，朱元璋于是就决定赐姓"伍"。皇帝有着至高无上的地位，这种赐姓也是一种皇恩浩荡的表现。而这伍姓，历史上就有伍子胥等人，在汉族的百家姓里面本来就有；而我们这一支南京伍氏家族，是跟汉族的"伍"姓家族没有关系的。那么，为什么又会取"儒"作为自己的名呢？目前尚无文献可考，伍姓或许只是因音而改，但取名"儒"，字德全，则取自《尚书》之《微子之命》中的"德垂后裔"之意，充分表明伍儒对中国儒学和名教的崇敬。

这就是我的老祖宗，从严格意义上讲是个"外国人"，是以外国专家的身份进入明代为朝廷服务的。伍儒再往前追溯，我们现在已无能为力。辛亥革命期间,伍氏家族曾有一位伍仲文(名崇学,以字行),青年时期就读于南京矿务学堂,与鲁迅同窗,后来赴日本东京留学,并加入同盟会。民国伊始,他在北京教育部普通教育司任职,鲁迅、林伯渠分别在社会教育司任科长、佥事。伍仲文与林伯渠友谊颇深,并将自己的妹妹嫁给林伯渠。据称林伯渠长女在留学苏联期间,曾特意赴乌兹别克加盟共和国撒马尔罕寻根求源,未有确实的收获。

在伍儒之后,我们一家的脉络是清晰、可供探寻的。伍氏家族世代为官,居住在南京城的府邸,后世几代人都与汉人通婚,更好地融入中国社会。我们少数民族同汉族通婚,这是历来都有的。伍儒之后的伍家就不能认同自己是外国人了。到了明神宗时,六世祖伍浩任职礼部儒士,伍浩"生子八位,分支八房",并"各立堂名",分别是:长房,讳"栋",世泽堂;二房,朴,燕禧堂;三房,杞,延祉堂;四房,榜,深柳堂;五房,彬,有斐堂;六房,标,惠迪堂;七房,柳,晖娱堂;八房,棣,燕贻堂。我的这一支属于长房,世泽堂一世一世传下来。我小时候供奉祖宗,就知道自己属于世泽堂。《伍氏宗谱》附记的字辈中规定"士宏思允迪,崇正必宜贤,德厚存其远,逢页复启元"20个字。我的名字"贻康"中的"贻",就是其中第九个字辈"宜"的变体。老祖宗讲究传宗接代,特别规定的字辈,现在看来后世进入现代社会越来越多的人都不太看重和遵循了。

清代乾嘉年间,伍氏家族成为南京城的巨贾,遂"绝意进取,专以济人为务"。道光三年(1823年)南京城内大水,伍浩的七世孙伍光瑜在下关设溺船,"每岁活人无算";他还在三山街附近伍氏老宅建起一座花园,取名"补园",且著有《补园集》。伍光瑜有子5人,次子长华,字实生,是嘉庆十九年(1814年)甲戌会试的探花(一甲第三名)。"探花伍长华,江苏上元教门,此为教门鼎甲之始。"授职翰林院编修,曾历任浙江乡试主考、广东学政、甘肃按察使、长芦盐运使、云南布政使。滇地产铜,云南布政使一职向以铜务为重,伍长华到任以后亲躬体察各矿盛衰及历任弊端,著有《云南铜法志》,有经济才干。值得一提的是,伍长华出任湖北巡抚时,湖广总督是林则徐。林则徐因奏请道光皇帝查禁鸦片,为此,道光皇帝特将林则徐召至京师应对

19 次。在此期间，湖广总督一职由伍长华兼署，继续查禁鸦片，与林则徐保持深谊。后来，林则徐授钦差大臣，赴广东禁烟，湖广总督正式由周天爵署任，伍长华和周天爵因得罪两湖地方官绅而受讦罢职。道光十九年(1839年)鸦片战争前夕，伍长华回到南京，仍住在三山街净觉寺旁的老宅(人称之"伍探花第")，不久便郁郁而终。

时逢乱世，迁居上海

信仰伊斯兰教的穆斯林，改变其宗教信仰，是很犯忌也是不太常有的事情。所以，中国的穆斯林也很少与不信仰伊斯兰教的人通婚。如果男娶女，那么女方会被要求信奉伊斯兰教，定期到清真寺礼拜，而且还要有一个"洗胃"的过程，要遵循不吃猪肉的教义要求；假如是女嫁男，那么男方(女婿)一样也会被要求信奉伊斯兰教。当然，入教不是入赘，不是汉族通常讲的"招女婿"。取消帝制、成立民国后，当时讲汉满蒙回藏五族共和，是中华民族56 个民族中最大的 5 支。中华人民共和国成立之后，我家填写民族成分的

◎ 1997 年 5 月，在上海市政协座谈会上作为上海市政协民族事务委员会副主任发言

时候,填的都是"回族"。

19世纪50年代,太平军进攻南京,因为他们尊崇"拜上帝教",而视伊斯兰教为他们的仇敌,太平军对穆斯林大开杀戒。《伍氏宗谱》记载到八世祖之尧公没有后续的记载,就是因为太平天国运动使家族四散的关系。世泽堂这支人全部迁居沪上,我家也就这样来到上海。至于八房里面其他堂,日后没有联络,去向也不得而知。我们伍家当时几乎是举家迁徙,南京的府邸被毁,南京也就没有了故居,我家也就没有了"回老家"探亲访友的习惯。

我的祖父这一辈是伍家的"正"字辈。祖父伍正森,号春亭;祖母杨氏,是一位十分忠厚老实的家庭妇女。祖父的上一代就已开始从事上海与广州间的行商贸易。祖父是子承父业,在上海老城厢(也就是后来通常称谓的南市)计家弄(在今方浜路、河南路附近)开了一家名曰"伍昌记"的公司。"伍昌记",顾名思义,含有伍家要昌盛的意愿。坐商是指有店面的商人,是坐在店里做生意。我曾经问过父亲,我们家当时是行商,没有店面,但是在上海和广州两地固定,不同于背着东西到处跑的小本生意的"跑单帮"。一般是雇几个伙计搬东西,海运的就到码头上去接,陆运的就到火车站去接,接来货物然后卖,一般而言事先有安排,两三天就很快把货物散卖掉。在我的记忆里,小时候家中总是堆满各种各样不同的从广州经由陆路或是水路运来的货物,这是因为运来的货物不一定一下子就能卖掉。在我出生时,祖父在广州,父亲在上海。大约在抗日战争胜利以后,我的父亲去了广州,而祖父告老回到家中。那时祖父已经60岁,我还有记忆。我的大哥当然记得更加清晰,他听祖父和父亲谈起,我们在计家弄居家,曾有自己的一幢房屋,两上两厢,三代人住在一起。祖母一直同我们生活在一起,没去广州。祖母和母亲相继操持家务。根据大哥的回忆,当时我的二叔、三叔也都和我们住在一起。在我1岁多时,1937年8月13日发生日本侵华淞沪抗战,我家的房屋在战火中损毁,我自己没有记忆。在抗日战争爆发之前,我家的家境殷实,可以归属于中产阶级。

伍家的"正"字辈这一代共有3人,两男一女,其中出了个大名人,即我

⊙ 1941 年,祖母带着大哥、二哥和我兄弟 3 人拍摄于上海

的叔祖伍正钧。

　　伍正钧,亦名石卿,字特公。伍特公出生于 1886 年,青年时代即表现杰出,清光绪二十七年(1901 年)考入上海南洋公学(今上海交通大学前身),在校期间,曾参加爱国学社,闹过学潮(此事件在上海交通大学校史中有具体记载,伍特公是领头人),受到过章太炎、蔡元培两位先生的教诲。后他又入尚贤堂学习英语。光绪三十一年(1905 年),马相伯创立复旦公学(今复旦大学前身),伍特公又是首届学生,后因家贫辍学。光绪三十三年(1907 年)伍特公进入上海《申报》任英文编译员。宣统元年(1909 年)上海清真董事会成立,他任董事,参与创办清真两等小学堂的工作。1911 年辛亥革命前夕,他参与发起组织上海穆斯林各界人士组成的上海清真商团,并任副团长。辛亥革命时,为了光复上海,伍特公率领上海清真商团攻打清朝的军火库——江南制造局。据回忆,他曾带把老式长枪到家里,枪支比他个儿还高,足见伍特公身不高胆却不小。据说,在光复南京的战斗中他参加过兵站工作。1912 年起的数十年里,他兼任路透社上海分社译员,负责将英文电稿译成中文,供中文报刊选用。据考证,报刊上一些专用名词,如"列宁"、

"布尔什维克"、"希特勒"、"罗斯福"、"甘地"、"尼赫鲁"等,都是出自他的译笔。1925年6月,伍特公参与哈德成等人发起成立的中国回教学会,主编《中国回教学会月刊》,并担任上海伊斯兰师范学校国文教员。后来,他参与创办敦化小学,并担任校董。1939年,伍特公任上海《申报》总主笔,因为发表过《回教与抗战》等多篇动员穆斯林抗日救亡的社评,被敌伪政权列入通缉名单。抗战胜利后,他一度在上海《正言报》工作。我曾亲耳听说,白崇禧在抗战胜利后来拜访过伍特公,因为他是上海回族文化界名人,故请他出山做官。在国共两党之争中,他拒绝做国民党政府的官,这表明他很有政治眼光。后来,蒋介石到上海跑马厅(现人民广场、人民公园)检阅时,伍特公是国民党当局要拉拢的所谓少数民族新闻界知名人士,被邀请站上主席台,但是伍特公一直拒绝担任官职。1947年,伍特公担任法新社英文翻译、记者,同时为上海各报提供国内外英文报刊重要文章的译稿。中华人民共和国成立后,他应邀担任公职,曾任中国回民文化协进会委员、上海市政法委员会委员,以及周恩来总理亲自任命的华东行政委员会民族事务委员会委员、上海市人民委员会委员、上海市民族事务委员会副主任。他还担任过上海市清真寺管理委员会主任、上海市人大代表、上海市政协少数民族分会主任等职务。伍特公著有《汉译古兰经第一章详解》,以及论文《振兴回教之管见》、《宗教顺时维新说》、《明道达变说》、《精神兴教说》等。中华人民共和国成立后他接受公职的任命书等一些文件资料,至今都收藏在上海交通大学校史馆里。1956年夏天某晚,上海市人民政府突然派来一辆轿车,说要接伍特公去锦江饭店开座谈会,行程保密,当时伍特公年逾古稀,体弱多病,刚刚服药躺下,故未能去参会。后来《解放日报》等陆续报道之后,伍特公才获悉是毛泽东主席来上海,点名要他去参加座谈会,与会的还有周谷城、陈望道等人。为此事他懊悔莫及,亲口跟我说过,他一生最后悔的就是没有见到毛泽东主席。伍特公高寿75岁,于1961年去世,去世以后他又做了一件很了不起、很开明的事情。伊斯兰教主张土葬,讲求尸体要入土为安,现在中国的民族宗教政策特准允许回族不火化,但是伍特公留下遗言,响应毛泽东主席的号召带头火化,这是一大突破。

伍特公是伍家学术渊博、文化最高的名人，为人亲和，乐于助人，受人尊敬。日本军队攻打上海时，我们全家逃难，当时只有1岁的我曾暂时寄住在叔公伍特公家(太平桥西门路天和里72号一幢石库门两层楼房)有1年之久，其后我经常到他家请安、玩耍。在1957年我复旦大学本科毕业时，老人家还特地请我在淮海中路的"红房子"吃西餐以示祝贺。伍叔公的为人处世之道对我也有不小的影响。

日本侵华，国难家灾

我的父亲是"必"字辈，名必凯，号逸菴。我父亲是兄弟姐妹4人，老大是姐姐，后面3个是男孩，父亲是男孩中最大的，他们之间交往关系很密切。我的姑妈伍淑贞实际上等同于我的干妈，她自己的孩子很小时就在抗日战争期间不幸夭折，在经济上我父亲和我先后资助姑妈。

父亲16岁就按惯例先学生意，回族中有相当一部分人在上海从事字画、古董生意，父亲也懂一点字画、古董，但是不很专业。父亲告诉我，他曾拜一位姓马的古董鉴赏人为师，他十八九岁时又转而跟着祖父做起行商，所以父亲没有正式、坚持学过古董鉴赏，并无行家的本事。我的一位隔房姑父马维福，却是上海、甚至全国都很有名的古董鉴赏家。父亲年轻时就在自家的"伍昌记"行里工作。大哥还记得，有伙计在家里帮忙，经营好的时候我家有一两个伙计，最兴旺的时候有三四个，另外家里还请有保姆。总的来说，我们家当时算是殷实人家。

尽管父亲是商人出身，但是在我的印象中，父亲绝对没有那种惯常的商人习气。他为人随和，待人宽厚，乐于助人，在与人交往中很要面子，出手大方。从我懂事起，基于时局战乱，我们这个小康之家已经中道败落。大约在1938年的下半年，我家搬住到长乐路28号一个名为"铁庐"的大杂院里居住了几十年，直到1992年拆迁。我家的生活水平和家居环境要比抗战前差。

我的二叔伍必雄学医，同济医学院毕业。二叔长得清秀，但胆子很大。

全家还在南市那幢房屋一起居住时,我听母亲说,他从医学院中把骷髅头拿回家来做个灯罩,摆在他的书房里,家里人都把这件事作为笑谈。毕业后恰逢抗日战争,二叔随军抗日,在国民党军队做军医,抗战胜利后才从新疆回到上海。他育有二子一女。中华人民共和国成立后,他担任过上海市第一人民医院(当时叫仁济医院)的内科主任,后来又调到上海市卫生局负责医院管理工作,还兼任上海市血液研究所所长。

我的三叔名叫伍必循。年轻时他经商有道,很活跃。我记得抗战胜利后,三叔全家迁居到四川北路邮政大楼对面,与人合伙开了一家建设医疗仪表厂。1956年以后,三叔是厂长,公私合营以后被叫为小业主,此后一直在厂里工作。三婶是护士出身,两人共同育有四子一女。

我的母亲名叫哈瑛。听说哈家之前在南京是个富商大家庭,以"哈金鱼家"闻名。"哈金鱼家"的意思就是靠养金鱼发财的。母亲有8个哥哥,她是家中最小的女孩。在我小时候开始懂事时,哈家也已败落,她的兄长们陆续先后搬迁到上海。母亲是15岁从南京到上海的,所以讲一口南京话,而父亲能讲上海话。父亲家里的教育还算好,包括我姑妈也都还识一点字。母亲则是文盲,开始时基本上只会写自己的姓氏——"伍哈氏"。母亲小时候连名字都没有,就如祖母伍杨氏。后来,父亲给她们分别起了名字:祖母名伍杨福,后来伍字去掉就叫杨福;母亲则名为哈瑛。港粤地区沿袭习俗,女人结婚以后要冠夫姓,父亲便把"伍"字摆在前面。在我印象中,祖母是一位绝对老实道地的家庭妇女,一个好到不能再好的人。母亲一嫁过来,因为她是大房的大媳妇,祖母就把这个家交给母亲打理。祖母非常开明,婆媳关系很好,母亲对祖母非常孝顺、尊敬,不像是有些电影、小说里的复杂的婆媳关系。母亲在中华人民共和国成立初期时还上过识字班。她是一个非常热心公益的家庭妇女,后来担任居委会大组长,成为一个里弄小干部,在长乐路一带小有名气,人称"哈大姐"。她老人家淳朴厚道,总是助人为乐,事事带头响应政府的各种号召,抢做公益活动。

我在1936年的7月13日出生,是家里的第三个儿子。

我家的境遇与国家的命运息息相关。可以说,我家完全毁在日本侵华战事上。在抗日战争全面爆发之前,虽然也有 1932 年的"一·二八"事变,但是战火没有持续很久,家中并未受到太大影响,生意上还有伙计帮忙,家中还有保姆帮衬家务。1937 年 8 月 13 日,继"七七"事变以后,上海淞沪会战烽烟再起,我家在南市的住房毁于一旦。

"八一三"事变爆发时,大哥 7 岁,二哥 5 岁,而我只有 1 岁,祖父和父亲正好在广州经商,避开了战火,但不幸的是,我家南市的房屋遭难,全家不得不开始逃难。母亲告诉我,她当时一只手抱住我,剩下一只手牵着二哥,大哥拉着她的衣裤跑出来。那时城门就要关了,如果城门关了,我们就可能连命都没有了。日本军队打来的炮弹"哗哗"作响,家里所有东西都没拿出来。不幸中的万幸,母亲带着全家成功地跑到租界中叔祖伍特公家里暂时居住避难。我的姑妈嫁给南京的蒋树西。姑父和姑妈在南京大屠杀期间从南京逃难到上海,也是住在伍特公家里。在抗日战争期间,伍特公家就等于是我们伍家人的避难所。他家在法租界西门路(今自忠路)天和里 72 号,地方大,条件比较好。石库门一幢房子,两上两下,还有一个天井,从天井进来是大客堂,两边厢房,一个灶头间,楼上也有 4 间。我家一直惦念感谢伍特公的恩情。即使在上海沦陷、有时无米下锅的日子,伍特公有句口头禅:"有粥大家吃,有汤大家喝。健康上前线,打倒日本狼。"

我家这么一大家子人,不能总是挤在伍特公家里。待时局稍微稳定,父亲凑了一大笔钱,在霞飞路(今淮海中路)北面的浦石路(今长乐路)28 号一个名叫"铁庐"的大院里租了二楼一间房,以后扩大为一大间、两小间。"铁庐"是上海回族名人哈少夫(少甫)于 1928 年建造的房产,一大栋很开阔、四进宽三层楼、棕色的老派大洋房,装有一个大铁门,上面镶石牌写有"铁庐"二字,下写"1928 年建"。大洋房外有个大院落,还有马车间,可以想象早年这栋大洋房的气派景象。我们只租了后进二楼一大二小间房,居住面积大约 50 平方米,没有卫生间,灶头、煤球炉放在走廊里。就是在这里,我们家 4 代 10 口人先后挤住了几十年。我家 30 年代末期迁入时,大房东哈家还居住在"铁庐"内,后来陆续搬到他处。

"铁庐"内的住户越来越多,越来越杂,租客中有回族人,但大部分还是汉族。早先邻居有做生意开店的,也有高级职员和教师。抗战胜利到解放初,"铁庐"里的住户可以说是上海时局变化的写照,来自中国各地、各种职业层次的人都有,马车间就有几家住户,院落里还搭建了二层木板房,不少打工的、摆摊的底层家庭居民挤住在此。"铁庐"里居民进进出出很频繁,户数、人数不断增加,成了名副其实的大杂院,上中下各色人等都有。高峰时这里大约有30多家住户,有200多人。我从2岁多开始在这里居住,一直到进复旦大学住读之前,我就是在这样一个越来越嘈杂的大院落中成长起来的。

抗战胜利前,国土大片沦陷,1941年后租界也被日寇侵占。我记得母亲带我走亲戚,三叔居住在虹口,舅舅们多家住南市。有时我们走过日军兵营时,常常见到日军持枪在沙袋包前站岗,我们会绕道或低头小心走过,也见过日寇关押欧美人的大楼,阴森恐怖,日军盛气凌人,从小我就尝尽亡国奴的滋味,幼小心灵深处种下仇恨的种子。敌伪期间,尽管战事平静,但我家的行商生意已经很难做了,只能勉强混口饭吃,一家老小的生活比较困苦。我记得家里不时会堆放大包小包的货物,有一般的字画,也有芭蕉扇,还有小儿药品等。

在小时候过苦日子的记忆中,母亲多次带着孩子"轧户口米",这是上海话,就是挤着排队买户口配给米。因为当时米的供应非常紧张,即便是按户口配给的米,也不一定就能买到,所以,米店管理排队的人要在衣服上写字编号、依次购米,这样即使有人想插队也插不进来。比如,我是36号,我前面的人一定是35号,我后面的人一定是37号,如果在我前面或后面有蛮横者硬想插队,没有写过粉笔号,也就证明这个人是插队,米店就不会卖米给他。排队并不总是有序,有时秩序很乱,我们小孩子怕得很。但是人总要吃饭,没有办法啊!

当时家里虽还不至于揭不开锅,但经济上确实很困难。我记得父亲一时没钱,母亲就会说"我去找我哥",也就是去找我舅舅。母亲排行老九,有8个哥哥。我从小跟着母亲跑过八舅、五舅、三舅、二舅几位舅舅家。我家从伍特公家里搬到"铁庐",实际上是父亲借来一笔钱凑款租房,家具大部分是几家亲戚送的,样式并不一致,更谈不上精致,但有不少家具还是红木的,大多是五舅资助的。五舅家开珠宝店，比较有钱。他家与伍特公家住在同一个大弄堂，两家也很近，伍特公住在 72 号，五舅住在 84 号。在父亲收入欠缺、家里青黄不接的时候，母亲就会找五舅借钱物。舅舅们总能倾囊相助，以救时急。听母亲说，家里还有过当掉她手上的戒指以维持家用的时候，可见此时我家积蓄已空。

1946 年，祖父从广州告老回到上海，父亲就长住广州。抗日战争结束以后，父亲、三叔，也包括伍特公的亲家（沙家），还有几个亲戚曾一起联合出资开了一家"义昌报关行"。但是抗日战争之后紧接着就是解放战争，时局相当动荡，"义昌报关行"也没有做大、做久。

虽非书香门第，兄妹皆为大学生

处在这个颠沛流离、动荡不安的年代，我家做生意，非常不稳定。坦率地说，我家并不是什么书香门第，没有人文熏陶的环境。父亲是一个行商，虽然有些文化，但是他经常不在家中；母亲是文盲，是老式普通家庭妇女。我家这代人受到的影响主要来自伍特公，简单地说就是人要争气，树立要好好读书的意识。伍特公对我们的影响既有形又无形，我们从小就知道，他是我们家族的骄傲。他博学古今中外，还懂些医术，我记得家里有时谁的身体不舒服，他会看舌苔、搭把脉，然后开个中药方。在民国时期，开中药方是很自由的。我们会按照伍特公开出的方子到中药店去配点中药，吃下去身体也就康复了。我的父母是非常正派而且很随和的人，在叔伯群和邻里中人缘好，威望高，人们都很尊重他们。父母从小教育我们要老老实实做人，宽厚待人，和气生财，助人为乐。我们家中没有什么书香文艺气氛，父亲喜爱京剧，会唱几段老生唱腔，有时会带我们看看电影、话剧。孩童时我们喜欢看看小人书、下下象棋和军棋。但就是在这样的环境下，我们兄妹 5 人都考上了大学。

我的大哥伍贻铭，1930 年出生。他在初中毕业以后，16 岁做学徒，跟着父亲和叔叔做生意，后来到了广州，在义昌行的广州分行工作。大哥同父亲一样,都是从 16 岁开始学做生意,这大概是我们家的传统。后来因为战争中断行商,中华人民共和国成立以后也没有继续。上海是在 1949 年 5 月解放的,而广州到了 1950 年才解放。那几年兵荒马乱,我们家的收入很不稳定。大哥为了同朋友做点生意和游玩,曾经到过中国的香港、台湾,但最终选择回到中国大陆。一个偶然的机会,他报名参加了苏州的"革命大学"。这是个收留青年人、培养青年就业的机构,但名字很好听,简称"苏州革大",实际上是通过半年或一年的学习后再分配工作。大哥在"苏州革大"毕业后,被派往山东工作,后来他又不满意。大概在 1953 年他又回上海,考取陕西南路、复兴中路的国立高等机械专科学校(现在的上海理工大学)。1956年与大嫂陈华结婚。大嫂当时在立信会计学校学会计,1957 年毕业分配到东北齐齐哈尔铁路局工作,大哥在国立高等机械专科学科毕业分配到哈尔滨汽轮机厂工作,大嫂随后也调到哈尔滨铁路局工作。此后大哥一家一直在哈尔滨工作和生活。

我的二哥伍贻埑,1932 年出生。他没有继承家里的经商传统,读书用功,初中就读于大同中学,高中考取著名的省立上海中学。上海中学不仅现在很有名气,解放前也是第一块招牌,名叫"江苏省立上海中学"。那时候还不归属于上海市。二哥是 1946 年考入上海中学的。学校位于老沪闵路,离上海市区很远,所以,二哥的 3 年高中生活是寄宿制的。他的高中班主任可能是中共地下党员,受其影响,二哥思想相当进步。在 1949 年正值上海解放时,二哥考大学。那时还没有全国统一高考,各大学各自报考招生,二哥报考了上海交通大学、清华大学、大连工学院(现在的大连理工大学),他都被录取,最终选择了大连工学院。我们问他原因,他说大连工学院是苏联人资助的,读书不要钱,当时家里的经济情况不好,他就离开上海、北上大连。上大学之后,一是因为家里经济条件不是很好,二是往返路费很贵,二哥大学 4 年都没回家。直到他后来工作、结婚以后,才回到上海探亲。二哥学的是机械专业,1953 年 6 月他在毕业前加入了中国共产党。大学毕业后一直留在东北工作,先在北满钢厂,后到本溪钢厂,先后在车间科室工作,一直做到副厂长,后来当上齐齐哈尔钢铁厂厂长,他最后一个职务是调到哈尔滨任黑龙江省冶金设计院院长。我的两位哥哥都一辈子献身祖国东北建设，退休后也都住在哈尔滨。

我的妹妹伍贻芬，1939年出生。她1957年考入同济大学，学的是五年制采暖通风专业。1962年大学毕业后被分配到北京，进入中华人民共和国第一机械工业部（简称"一机部"）设计研究总院工作，成家立业，最后退休也留在北京，直到现在。

我的弟弟伍贻德，1943年初出生。他在1961年考取东北林学院，因为那时大哥在哈尔滨，他就填了一个哈尔滨林业大学的志愿，结果就被录取了。可是1966年他大学毕业时正值"文革"，后来拖延分配到江西省农林勘察设计院，再被下放到兴国县林区工作。由于找到的爱人是在江苏无锡工作，结婚后才于1975年调到无锡市木材总公司。退休以后，他们两个人又回到上海过退休生活。

除了我们兄妹5人，我家原来还有两个妹妹，但都在幼年夭折，一个是在1949年，另一个是在1952年，她们先后在世上待了几个月、1年多一点。

◎ 1960年的全家福；前排左起为姑妈、祖母和母亲，后排左起为妹妹、大嫂、大哥、我和弟弟

◎ 1962 年的全家福；前排左起为姑妈、祖母、侄子和母亲，后排左起为妹妹、我和二哥

◎ 1989 年的全家福；父亲率妹妹、我和弟弟 3 人至江苏无锡为祖母、母亲扫墓

家里人很少谈及，一方面那时兵荒马乱，另一方面可能是母亲的年龄偏大，那时母亲已近50岁，是高龄产妇。

感谢国家和父母的培养，我们兄妹5人都是大学生，这对居住在"铁庐"的几十个家庭来说，可以说是绝无仅有的。然而在服从组织统一分配的大背景下，我们兄弟妹5人各奔东西，除了我之外，其他人都离开上海工作和生活。我们这个大家庭在几十年间，没能够全家三代一个不少的全体聚在一起过一次，因此也就从未拍过一张完整的全家福照片以资留念。这是我们这个大家庭的一大憾事。

动乱年代，辗转读书

我谈不上有什么启蒙开智的家庭教育。在长乐路28号的家里挤在一起吃饭、睡觉，当然不可能有什么书房，连书柜都没有，这和我看到的伍特公家里的摆设完全不同。我曾在伍特公家住了1年多，长大以后也常去问候、拜年。在那里我曾见过整整一个大壁橱的古文书和外文书，报纸更是成堆保存，女儿房间里还有一架大钢琴，这对我而言非常新鲜，自然也心生敬重。

我的小学、中学生活是在很不平常的环境中度过的。我是5岁（1941年）时就入学了。我没有上过托儿所、幼儿园，直接上了小学一年级。当时正值敌伪统治时期，我辗转换了几所学校，基本上是读一两年就换一所学校。在我印象中我上的都是家附近的小学，走半条、一条马路就到了学校。我先是在时化小学读书，次年2月转读民治小学，后来又转入黄陂路上的崇实小学，直至1945年7月。1945年9月，在伍特公指导下，我进入南市敦化回民小学，1947年7月小学毕业。现在回忆起来，我的小学时光，也像当时的大环境，处在一个动乱不安、很不稳定的过程中。

我记得当时的读书条件比较差，与现在的读书环境相比简直有着天壤之别。时化小学就是在客堂间房子里上课。小学三四年级时，我在崇实小学读书，那里离伍特公家只有10分钟的路程。我经常放学后就到他家里，写写大楷或者看看玩玩。敦化小学是在抗日战争结束后就读的。伍特公被日本人通缉过,抗战胜利后他出任敦化回民小学的校董,参与建校事务。他对我父母建议,叫"小鸿"(我的乳名)去敦化回民小学读书。这所学校的教育更规范,校园也比较大,有大操场、大礼堂,教育教学设施规范。敦化回民小学坐落在南市方浜路青莲街,我每天上学来回至少要走 1.5 个小时的路。

那时我的妹妹也在敦化回民小学读一年级。每天早晨吃了早饭,我拉着妹妹走半个多钟点路到敦化上课。中饭在我的一个大表姐家里吃,她是母亲的一个侄女,家庭条件比较好。我们两个人在表姐家吃好中饭,下午再回到学校上课。放学以后,我再带着妹妹回到"铁庐"。这样的小学学习生活持续了两年。

受伍特公的影响,我很喜欢看书。小学时我看了各种各样的小人书(当时叫"连环画")。母亲给我的零用钱,我都节省下来,去付固定的连环画摊的月租费。那时的连环画摊,付了月租费之后只要一次看完一套(5 本),归还后可以再借,1 个月里随你借阅多少。我经常光顾的连环画摊有两三家,摆出来的连环画书架一般都有正常两三个书架那么宽,都是公开摆放,随意挑选,任由大家换来换去,全凭自觉,倒是很有契约精神的。毕竟所付的月租费不多,大饼油条省下来的早点钱就可以了。小人书的内容基本以历史演义、武侠小说为主,书摊还有古典名著类小说,长大一点后我也借来阅读,所以,我对《水浒传》、《三国演义》、《西游记》等故事滚瓜烂熟,很长一段时间我都背得出来水浒一百零八将。这对我日后喜爱历史学可能也有些关联。

小时候的我并不熟悉书店,也根本找不到图书馆的大门。坦白地说,我小时候都没进过图书馆。直到考入复旦大学以后,我才知道什么是图书馆,后来南京路上的上海市图书馆成为我最常去的地方。平日我一般在复旦大学图书馆,礼拜天回家后就会到上海市图书馆。那时的上海市图书馆就是现在的上海美术馆,就在大光明电影院的斜对面。我家所在的长乐路其实离那里很近,步行十来分钟的路程。除了在学校里上课以外,我在家里也一直比较用功,当时就已经看过《家》、《春》、《秋》等中外名著。但我们这种中等或者偏下市民阶层家庭出身的孩子,古文功底是很一般的。

1946 年对我而言比较特别。尽管那时我还没读初中,但是随着两个哥哥先后离家，我一下子变成家里最大的孩子。这时祖父养老归家，我们住在一起，他几十年在广州做生意，见识广，他讲述的经历见闻为我开阔眼界、了解世界很有帮助。这些对我的成长和心理影响还是很大的。

1947年9月，我初中就读于淮海中路、思南路路口的晓光中学，该校后来并入现今的向明中学。因为当时还没有回民中学，小学毕业时没人指导，我便自己报名到离我家比较近的一所中学读书。当时初中和高中都不需要考试，只是简单报个名，看看个人情况和成绩单，然后就是交钱入读。晓光中学给我留下的印象只有操场很小，体育课是借陕西南路、淮海中路卢湾体育馆上课。不得不说，敦化小学是所回民小学，得到回民公会和国家的资助，操场是相当大。

在我初二时，上海解放了。当时二哥每个星期天回家，总会讲讲局势，受他的影响，我也倾向于进步，认为国民党政权太腐败。解放军打进上海时，我绝对不是站在国民党当局这边悲哀失落，而是很欢迎很期待。上海市中心区解放那一天，也就是1949年5月25日，我一大早出门，亲眼看到解放军睡在"铁庐"门外长乐路的马路边，大概有几百人，不止一个营的队伍。5月上海的天气已经不是很冷，解放军战士没有大衣，每个人就穿着单衣军装，盖着一个小被子，有的睡觉，有的工作，一点儿也不扰民。这是解放军给我留下的第一印象。虽然军队已经到了自家门口，但是"铁庐"里的人心态都很平静。

我还看到在延安路上，解放军包围了国民党军队的一辆装甲车，装甲车就停在成都路路口。在"噼噼啪啪"的枪声中有两三个人逃了出来，当时已经快到中午，他们大概想趁解放军不注意逃跑，不料却被解放军发现后追着打枪。上海一解放时，我所在的学校组织过几次庆祝游行，我次次都参加。

解放战争对我家的影响很大。当时国民党政府从南京败退到广州，广州也立即兵荒马乱起来。"义昌行"在广州有几间办公房，这样一来根本没法做生意。后来曾听大哥说，他曾坐船去过香港、台湾，但我家一不是官僚，二没有资本，生意越来越差。我对推翻腐败的国民党政府非常欢迎，我当时发自内心地相信，中国共产党一定能够使中国稳定兴旺起来。

二、学生时代

高中三年，结缘历史

我是个上海市区普通市民家庭的孩子,小学和初中阶段又处于汪精卫日伪和蒋介石国民政府统治的动乱年代,现在回忆起来那时过得糊里糊涂,与如今孩子们的丰富生活无法相比。长乐路 28 号那个大杂院实际上是上海很市民化、很世俗的一个普通里弄式居住环境的缩影,我们一帮孩子那时玩得很幼稚,男孩和女孩一起跳房子、抽陀螺、踢毽子,最多是一起外出看场电影。现在回想起来,那时的生活非常简单,都是在自找乐趣混日子。

我真正的启蒙和开智是在 1949 年 5 月上海解放以后。从读初三开始,我对自己有些上进的要求。我开始自觉要读一所好些的学校,根据同学们的介绍并且通过自己的比较,我最终选择震旦大学附属中学(今天的向明中学)读高中。1950 年 9 月,我正式进入重庆南路、合肥路口的震旦大学附属中学读书。1952 年我在读高二时,上海市教育局把震旦大学附属中学的男生部与震旦女子中学合并,统称为"向明中学"。震旦女子文理学院被撤销,校址分给了上海市委党校和向明中学。几年后上海市委党校搬迁到江湾新址,大楼转给了上海社会科学院。震旦大学也被撤销,在原址上新建了上海第二医学院。上海社会科学院总部大楼东面是原来我就读的震旦大学附属中学,在我们毕业后,变为男女合校,在今向明中学办学。

高中求学期间,我在政治上和知识上逐渐开始有所追求。变化最大的是政治环境。震旦大学的前身是 1903 年 2 月 27 日法国天主教会在徐家汇天文台旧址创办的震旦学院。震旦是印度对中国的旧称,英文、法文校名分别为"Aurora University"和"Université l'Aurore"。我高一入学时在校园里还经常能够看到法国神父、法国嬷嬷,那时他们还在参与管理学校和教授课程。当时上海不只有震旦大学一所教会学校,知名的还有圣约翰大学、沪江大学等,这些都是由外国人创办和管理的学校。从 1951 年开始,上海市教育部门开始整顿教会学校,我所在的中学部也开始随着大学部一起,清除外国教会对学校的渗透,清除学校的教会领导。神职人员不再能参与学校管理,更重要的是不允许在学校里穿神职服装(在教堂里还是可以)。胡文耀是震旦大学附属中学的校长,也是共产党员。他支持"三自"革新运动。所谓"三自"革新运动,指的是 1949 年中华人民共和国成立以后,由于中国基督教逐渐断绝了与外国传教团体的宗教事务以及经济联系,从而开始了真正意义上的独立发展,并形成了大规模的"三自"(即"自养"、"自治"、"自传")爱国运动。胡文耀在人民政府的领导支持下,在任时把天主教教会人员排斥出学校。沪江大学、圣约翰大学、震旦大学等教会学校后来陆续被撤销,全部关门。我曾问过初中也在震旦大学附属中学读书的同班同学,他们当时要上天主教神学课程,而且很多人受了洗礼,受到天主教很深的影响。而我读高中期间,学校已经没有宗教课;上课的教师全部换成中国人;高中课程取消了传统的法语课,因此我没有学习过法语。

那时学校开展了公开反对龚品梅的政治活动,我也参加了。龚品梅曾兼任上海、苏州及南京三教区主教,上海教区首任中国籍主教,他后来被作为反革命公审。在参与了这些反对帝国主义宗教侵略的政治活动后,我自觉在思想上更加进步。我小学时不懂世事,初中时顶多是对国共打仗或者抗日战争有所了解,几乎很少参加政治活动。我出身在伊斯兰教家庭,对天主教更是不太了解。就是因为进入震旦大学附属中学这样一所教会学校读高中,我才逐渐了解什么是"三自"革新运动,认为将教会力量驱逐出学校没有什么不好。

我高二时是在 1951—1952 年,当时我正好十五六岁。正值抗美援朝期间,除了一般性的支援抗美援朝活动以外,我还曾报名要求参军上前线。我经过思想斗争,回到家中告诉母亲自己的决定:"我要去参军。"她说:"你一个小孩懂什么。"但我还是去报了名,当然也没被批准。

我亲身参加了这些政治活动,接触了一些中国共产党的政治思想和路线政策。在时代的影响下,我个人在思想上真真切切地认同当时毛泽东领导下的中国共产党理念,自此改变了我的人生道路。

1952 年,我加入共青团。二哥受到地下党的影响,在大学读书期间加入了中国共产党。而我受了二哥的影响,在解放前虽然没有积极参与政治活动,但政治倾向是厌恶蒋介石、国民党那一套。我并不是学校里最早加入共青团的,有几个同学比我加入得还要早。我记得有五六个比较要好、志同道合的高中同学都是共青团员。我和这些共青团干部的关系比较密切,也慢慢有了立志参加共青团的想法。那时加入共青团组织成为一名共青团员很不容易,特别是在震旦大学附属中学这种教会学校,加入共青团的是少数学生。那时共青团也没有什么特别的活动,政治学习是最主要的。从政治上来说,共青团组织对中学生的要求也不是很多,我就是参加学生会的宣传部工作,负责布置会场、写标语、贴标语,积极参加政治活动。

在政治活动之外,更重要的当然是学习。此时我已经受到比较规范的教育,自己也开始有学习上进心。高中每个年级分为甲、乙两个班,每个班有 30 个人,分班的标准不是根据成绩,只是因为人数太多、不可能在同一间教室上课。震旦大学附属中学的学校管理和教学条件,要比我以前就读的那些小学和晓光中学规范得多。学校规模也比较大,操场、物理实验室等一应俱全。化学实验课给我的印象最为深刻。每两个礼拜我们这些高中学生就要上化学课,因为学校没有化学实验室,我们需要走近 1 个小时的路程,到江苏路、愚园路的一个化学实验室去做实验。这个化学实验室属于一家研究单位,学校花钱定时租赁,可见学校对学生非常负责。以开智启蒙而言,物理实验、化学实验真真切切地培养了我们这些高中学生的动手能力,那时我学会自己做牙膏、肥皂，人生第一次感觉自己会创造东西。

　　除了化学课以外，我对当时的其他课程已经印象不深了。解放初期，政治上还不很敏感，从小学到中学我上的是国民党的公民课，解放以后公民课改叫政治课。政治课一般是政治宣传再加上党史之类的教育。尽管我那时已经是共青团团员，对政治课也没有留下什么特别印象。

　　最为重要的是，我开始喜欢历史课，开始与中外历史结缘。也许是受到阅读小人书的影响，高中时学校里古今中外的历史和地理教学对我的吸引力最大。地理课给我打开一扇视窗，让我了解原来世界是那么广大、地理现象有那么丰富。我们还有世界通史和中国通史的课程。我喜欢历史大概是天生的，我觉得自己后来沉迷历史学的一个重要原因是我的记忆和表达能力特别强。在高中时，我的口头表达相当好，在同学中比较突出。高中同学之间虽然没有敌对情绪，但还是有蛮明显的圈子：有一批属于倾向同情教会，或者自身就是教徒、教友，实际上是跟外国神父"走"的同学；另外一批则是像我这样，与共青团组织接近，反对外国神父和教会渗透中国学校，属于"进步"的圈子。每次复习迎考时，我们这个"进步"圈子，八九个同学里面，有物理好的，就在考试前讲怎么复习物理；有化学好的，就讲怎么复习化学；而我就负责讲怎么复习历史，大致主要是猜教师最终会考什么题目。我擅长记忆，比较会归纳提炼表达，可以把人或事的来龙去脉、前因后果、历史意义讲得比较清楚，甚至可以归纳学习内容、猜到考试题目，所以，同学们都爱叫我"历史小老师"，而这也促使我报考大学时填写了"复旦大学历史系"。

　　我还记得我的高中历史老师名叫向平。向老师很喜欢我，而我因为喜欢这门课，也听得很专心。向老师总是能够指点我怎么认识历史的关联，给我点拨。我也觉得这位老师能说会道、知识渊博，希望能够成为像他这样的人。后来向老师当过向明中学的校长、区人大副主任。在2003年向明中学50周年纪念时，向平老师仍健在，几年之后去世了。我的地理老师2003年时也健在，同样不久也去世了。两位老师的故世，让我很难过。

　　高中的这个"进步"圈子里七八个同学的出身各有不同，有的来自医生家庭，有的来自高级职员家庭，但我们都是共青团团员、团干部，在一起聊天

◎ 2003年向明中学50周年校庆时,与校友梅葆玖先生合影;左二是我的老师向平,右一是谭玉梅副校长

时,大家关心国内外大事,政治上积极响应党的号召。这个圈子的活动比较正派。我们有时会到一个家庭经济条件比较好的同学家里,大家一起吹吹牛,打打桥牌。我就是在那个时候学会的打桥牌。高中毕业那年中国已经实行大学统考。我还记得大学统考发榜前夕,我们就在一个同学家里通宵打桥牌。第二天清晨,跑到马路上去买《解放日报》,看看谁录取在哪里。当年报考大学和被录取的人不多,大学录取名单全数登报公告。此外,震旦大学附属中学的校园有了踢足球、打篮球的条件,我们的课外活动也丰富起来。

总的来说,高中的学习培养了我对历史学的兴趣,在政治上我要求进步,交友的圈子比较进步,个人的生活也开始丰富多彩起来。震旦大学附属中学这3年时光,使我感到自己从一个"铁庐"的小家,真正开始跨入社会这个大家,对世界的认识也更加开阔和深入。这是我人生很重要的一个阶段。

复旦本科，见证发展

我的二哥报考大学时，还没有实行大学统考，到 1953 年我高中毕业时已经开始统考。那时高考要考数学、外语、语文 3 门课程。我们先填志愿，然后考试。高中的成绩单也作为大学的录取依据之一。

我们并不知道自己的高考成绩。我的高中历史成绩很好，可能会在大学录取时被参考，作为我最终入选的依据。另外，据说录取也可能与政治倾向有些关联，比如与高中老师给你的政治评价有关。我的同班同学里有个学习成绩最好的同学，我们都叫他"博士"，他的学习成绩非常好，思想却不进步，当然他也不是教会派的"死忠"，他考取的是复旦大学物理系。当时高考录取也不见得政治是唯一的标准。我的这位"博士"同学后来在复旦大学被打成"右派"，继而又是"反革命分子"，平反后到同济大学当了教授。在 2003 年向明中学 50 周年纪念时，他还来参加校友聚会，但不久也去世了。他曾经写下自己的劳改苦难生活经历，印制成小册子。要知道在那时能够考上大学的同学是很少的，《解放日报》的 1 个版面就能够把中国华东地区的高考录取名单整个都放在里面。我所在的这个班 30 人里有一半的同学考上大学，震旦大学附属中学可以算是上海市一流的学校。和我关系比较要好的几个同学，大多考上在北京的大学。

填报高考志愿有自主权：可以填写"接受统一分配"，就是愿意服从分配；也可以选择"不服从分配"，那么就可能不被录取。我们当时每人可以填 4 个志愿，我填在前面的志愿都是理工科，有点乱填。我的第一志愿记得是浙江大学一个当时算是高新技术的理工科专业。复旦大学历史系倒是我自己认真填写的，只不过放在第四志愿。虽然我个人十分喜欢历史，但那个年代社会上盛行"学会数理化，走遍天下都不怕"，强调"科学救国"和"技术救国"，我的同学们都觉得应该去读工科或理科。我想自己的学习成绩也不差，就随大流填报了几个理工科大学和相关专业。我的几个高中同学好友学业比较出色，政治比较进步，又因为是共青团干部，大部分都到了北京带有军工性质的大学读书。在这个高中"朋友圈"里就只有我一个人读了文科。结果在大学毕业后,我有几个同学被打成"右派",其中还包括我们当时的团支部书记,真是一言难尽。

因为历史学一直是自己所爱,所以,当复旦大学历史系(第四志愿)录取我时,我是非常开心的。1953年我进入复旦大学时刚满17周岁。我记得在大学一年级下学期时,1954年4月实行中国第一次人民代表大会选举,需要年满18周岁才能有选举权,我当时还没有选举权,班上还有两个同学同我一样,都没年满18周岁。我在同班同学里算是年轻的。

我亲身完整见证了复旦大学的跨越式大发展。在我进校时,复旦大学的校园规模很小、杂乱分散。当时的复旦大学校本部仅仅是现在校园面积大概1/10不到的一小块地方。复旦大学的最西面有一条河,1960年后我所在的研究所就在河边。最东面的一幢楼刚造好一年,是由于复旦院系调整才建造的教学大楼,现在叫"第一教学楼",当时第一教学楼朝东都是农田。老图书馆是在我进校以后才建造的,现在是文科图书馆。物理楼、化学楼全部都是我在二年级、三年级时看着它们被建造起来。复旦大学的大礼堂——相辉堂,以前叫"登辉堂",李登辉是复旦大学的老校长。走过登辉堂就是物理实验室,登辉堂旁边的那幢小白楼洋房是数学楼,那时是中国最著名的数学家苏步青、陈建功在里面办公。等到我大学毕业时,复旦大学已经扩张到国定路了。

我读一年级的时候,还住在校外日本军队侵占上海时所建造的"日本兵营"(军官日式宿舍),当时叫"淞庄"或者叫"第七宿舍",由一排排低矮的两层楼组成。从淞庄到学校本部,大概要走近10分钟路程。后来学生全部搬走后,淞庄改造一下又变成了教师宿舍。还有一部分人住在"德庄",就是现在的复旦大学附属中学对面,学生食堂也是在德庄。我们上课要朝北走到邯郸路进入学校,那时复旦大学外面还有一个操场,其余则都是农田。当时在邯郸路南面不属于复旦大学的正式校区。1953年时私营经济还没有完全取消,有条街有很多个体户小店,卖小吃的很多,有卖臭豆腐干的,有卖阳春面的,还有卖馄饨的。大学一年级时我住在淞庄,二年级时就搬到校本部

(即后来的学生会老楼)，现在只有我读四年级时住过的宿舍还保留下来，也已经没人住，只是空关着，那个宿舍已经靠近国定路了。从第一教学楼直到国定路之间，进校时整片全是农田。大学一年级时每周就只有周日一天放假，后来周六的下午就可以回家。我在长乐路"铁庐"和复旦大学之间来回，可以乘坐55路公共汽车(外滩到五角场)，再走到复旦大学。复旦大学西边当时除了虹口公园和几家工厂，几乎全部是农田。现在的上海外国语大学原来叫俄语专科学校，因为学习苏联的关系，学校以教授俄语为主，后来改为外国语综合学校、外国语学院，再改为外国语大学。

大学四年我的宿舍几乎每年都换一个地方，这也证明了复旦大学在迅速扩张自己的校区。复旦大学的发展当然不只是校区扩容，而是整体水平快速提升。总体而言，在20世纪五六十年代，是复旦大学发展的一个高峰，80年代之后则进入更快的发展时期。复旦大学能够有今天的声望，并不是一蹴而就的。

复旦大学在新中国建立初期快速发展的一个重要原因是陈望道出任了复旦大学的校长。陈望道翻译并出版了《共产党宣言》第一个中文全译本。他虽然没有参加党的"一大"会议，却是中国共产党创立的推动者之一。解放前夕陈望道担任复旦大学新闻系系主任。新中国初期只有两所大学有新闻系，一个是人大新闻系，另一个是复旦大学新闻系，其他学校(连北京大学)都只是在中文系下设立新闻专业，而没有新闻系独立设置。当时中国北方的报社记者、编辑几乎都是人大新闻系的毕业生，南方的报社记者、编辑则几乎全部毕业自复旦大学新闻系。陈望道的知名度以及在政治上对共产党上层的影响力，可能是1952年全国高校院系调整中复旦大学能够获益的一个重要因素。

另外，复旦大学的发展也与当时中国发展的指导思想密切有关。在1952年全国高校院系调整中，教会大学全部被撤销，一部分高校(像清华大学、浙江大学)变成理工科为主的高校，特别强调工科发展，物理、化学等理科还稍居其次，交通大学则被设定为专长机械和造船。这些学校中人文社会科学大量优秀师资力量被调往别的学校，北京甚至北方的文科专业大师级学者都被调到北京大学;在南方,复旦大学大概是最为得益的高校。其实复旦大学在民国时期只是一般性的国立学校,严格说来,在1952年全国高校院系调整前,只能算是二流高校,社会知名度和美誉度也并不高。若说有什么特色,那时的复旦也许政治氛围更加浓厚一些,有一群教授是反对蒋介石政权的。在这一轮全国高校院系调整中,复旦大学吸收了大量来自全国各地的知名学者,如来自浙江大学的苏步青、陈建功等著名数学家,都是作为一级教授调来的;另外,浙江省和湖北省的教会大学被撤销后有很多教授来复旦任教,使得复旦大学的知名度和师资质量有了很大提升,一举成为综合性大学,位列中国知名高校之列。

我在1953年考进复旦大学,因为院系调整变动很大,这一年学校刚刚稳定下来。当时复旦大学历史系有周谷城、周予同、王造时、谭其骧、胡厚宣、马长寿、陈守实、杨宽、陈仁炳、耿淡如、靳文翰、蔡尚思等教授。有几位老师也许知名度稍低,但周谷城、周予同、王造时等人几乎是全国这一领域最有名的学者。周谷城先生的知名度相当高。胡厚宣先生是中国甲骨文最有名的专家,我大二时他调到中国科学院考古研究所任副所长,他在考古方面造诣很高。"七君子"之一的王造时先生后来被打成"右派"、"反革命"。当时这些知名的大教授全部给本科生上课,系里90%的老师的课我都上过。胡厚宣先生讲授"中国古代史",周谷城先生讲授"世界古代史",周予同先生上的是"中国历史文献",王造时先生上的是"世界近代史",谭其骧先生讲授"唐宋史",马长寿先生讲授"民族史",陈守实先生讲授"明清史"。

复旦大学要求历史系本科生从一年级开始统一学习全部中外古今的历史课程(叫主课,也就是必修课),从二年级开始(特别是三、四年级)开设大量的选修课,内容主要是很具体的断代史,甚至是某一专题研究的课程。学生们可以根据自己喜欢和今后发展的方向自由选择,例如,喜欢中国史的,可以去上中国史的选修课;喜欢世界史的,就多选择世界史的选修课。

建国初期,教育改革还没有全面铺开,只是把加强中国共产党的领导作为大学的指导方针。后来推行教育学苏联的政策,其中的一个表现是实行学分制。那时大学考试实行五分制(而不是百分制),分数为5＋、5－、

4＋、4－、3、2都有，5＋表示成绩最好。另外一个很大的教育改革是实行口试（但后来取消了），当时大学课程的考试是以口试为主、笔试为辅，大部分课程都有口试。口试是由教授、助教出题，抽签决定。比如，今天上午口试某某课程，大家都坐在教室里面，根据学号抽签，老师摆出的一个纸盒子里面有很多题目，自己去抽出一张，一般每张纸上面有主题、副题两道题目，有时候也会有3道题目。主题一般是比较复杂的问题，副题一般为知识性题目，有时候也会问一些小问题。不同的教师，口试的风格也不同。口试一般都是当场打分，成绩很快就出来，这就需要主考老师必须全程参加，当然也会有助教老师在旁边帮忙。这些助教老师都是刚刚大学毕业或者毕业只有几年的青年教师。不过，学生是要等考试结束以后，才统一知道课程的成绩。

除了教师授课以外，还有专门的课堂讨论。复旦大学历史系的课堂讨论很有特色。教师事先通告给出题目，要求每个学生准备发言提纲，课堂上教师点名发言。主讲人发言之后，其他人可以补充，也可以发表不同意见。我对这种课堂讨论兴趣尤其浓厚，总是争取多发表自己的意见看法。另外，我们还有论文写作训练课程。

复旦大学的这套教学管理有其合理、进步的一面。比如，原来的大学教授，尤其是知名大教授，有时候讲课天南海北，不着边际，就拿周谷城先生来说，有时他也会侃侃而谈。当然周谷城先生上课有其严格的一面，条理、观点都非常清晰。他不仅对史学、美学、哲学、逻辑学都很在行和博学，曾经写过很多文章，在当时整个中国学术界，他是既写过《中国通史》，又写过《世界通史》两本大部头通史唯一的教授。周谷城先生精通中外古今，在给我们上课时，提醒我们青年学生应该朝着"博大精深"的方向走，他在黑板上写下这四个字。"博"就是说历史知识极其丰富，应该阅读广泛的资料、古籍、教科书、参考书、专著；"大"就是立意要宏大；"精"是指要尽可能进一步钻研问题、追根寻底，而且要"深"究。

我进历史系时，全系4个年级加起来总共只有学生约90人。我们一年级是人数最多的，有接近30人，入学之后有两个同学生病留级，还有同学后来退学。1956年中央提出"向科学进军"以后,招生人数越来越多,历史系的本科生发展到300多人。复旦大学在全国高校中发展算比较快的。当时我的同班同学在年龄、出身和来源地方面都比较复杂。我这一级同学的年龄差距很大。班上有3个人年龄不满18周岁,有一个同学1936年1月出生,我是7月出生,还有一位同学是10月的生日,比我还要小一点,当时我们都没到18周岁,都没有选举权。年龄最大的同学是来自北京的刘德麟,当时他大概已经31岁了。我们年级的党支部书记应春富大概二十七八岁,他参加过地下党,曾经做过银行职员、商店店员等。1953年,组织让应春富报考大学,他考进复旦,毕业留校做教师,后来转为复旦大学分校(今上海大学)做教师,现在已经去世。我的大部分同学都是应届毕业生,来自五湖四海。其中北方人较少,西北人几乎没有。北方人可能就考进北京大学、北京师范大学。同学中大部分都是江南人,来自江苏和浙江两省,上海本地的生源较多一点。我还有两个山东同学,安徽、福建同学也有几个。复旦大学历史系的招生,显然是以华东地区为主。

对现在年轻人而言,那时在中国大学读书不要交钱,不收学费,是一个很新奇的制度。大学不仅不收学费,住宿也不收费,连杂费也都没有,每个学生还另外发生活费。我们吃饭不要钱,每个月每人9元钱,每人发张硬板纸做成的卡片,不管家庭富裕还是贫穷,吃饭都是免费的。住读的同学一天早、中、晚三顿,吃了一顿,厨房师傅站在门口在饭卡上勾一勾,吃过第二顿,再来勾一勾。如果周六晚上或者周日不在食堂吃饭,只要提前向厨房师傅报告,他就会根据每顿饭钱计算,月底退饭钱。我正好拿这笔退的饭钱作为来往家中的路费,也还够再买些小东西。如果学生家庭经济困难,还可以申请到3~5元的助学金。我的家里不是很贫困,母亲能给我五六元零花钱,让我看看电影、买点零食,所以我并没有申请助学金。到了二年级时,开始需要自付伙食费了。

那时中国大学基本上没有很规范的教科书。大学教材一般都是教师自己编写。有的课程没有教材,需要我们在课堂上记笔记。所有的课程都要记笔记。比如,周谷城先生的要求特别严格,上课有时他会让学生站起来把笔记读一遍，还会纠正笔记中哪方面有遗漏。教师把讲课内容整理出来，就可以出版为教材。像影响颇大的周予同先生编写的《中国历史文选》就是这么出版的，他把古代文史中自认为重要的文献编写得很有特色。

与中国史相比，我更加喜欢世界史，所以在后来我选择世界史的选修课程较多，偏重阅读世界史的参考书目。我喜欢世界史，说不出原因，就是个人兴趣，后来特别对近代史感兴趣。我觉得全世界从罗马、希腊开始古代社会，马克思主义也是诞生于西方。王造时先生的"世界近代史"讲得极为精彩，讲拿破仑征战和专政时，把拿破仑、资本主义萌芽和拿破仑法典等讲得活灵活现、生动精彩，我印象特别深刻。

现在中学生通过网络获取的知识面已经很广泛，而我们那一代人除了看一些书籍以外，较少接触得到其他知识。在复旦大学的成长过程中，我在学习中知识变得丰富、视野变得开阔。我开始积累知识，懂得学习和思考的方法，懂得怎么查阅资料、发现问题，这都要感恩复旦大学对我的培育指导。

我自认为学习比较用功。尽管我是上海人，自一年级下学期开始，我两个星期才回家一次。节约路费是小事情，主要为了能整天泡在图书馆里看书、学习。我在家也不操劳家务，而且我母亲对我学习也很支持。即使是周六晚上回家，第二天一大早我也总是会到上海市图书馆去看书。我一般都是早上8点钟准时过去，是上海市图书馆开门后的第一批读者。我会在那里看报刊、图书，中午回家吃饭，如果没有别的安排，下午还是再去上海市图书馆。若是不回家过周日，我就选择在学校的图书馆或是宿舍看书。有时周日回家时，我也会约中学同学一起游玩。这就是我整个大学本科的生活，学习非常抓紧和投入。

就这样，我的大学课程学习成绩大部分都是5分，很少有4分的情况，从来没有得过3分。我的成绩位列年级前茅，并且越来越突出。我当时努力学习，单单就是觉得一个人一定要认真读书。

我努力地学习，认真地钻研，几乎每次口试都是5分，这一点在班上更加突出。在课堂讨论时，我争取发言、敢于提出问题、愿意参加争辩，是个课堂讨论积极分子。我的口才和思辨能力都不错,在班级同学里面属于能说会道的,可以把问题分析得非常精到。曾经有同学说:"你伍贻康这个人总是有理。"这是一句玩笑话,但也说明我那时能言善辩,通过辩论总是可以把事情讲得很有道理。我会列举事实、找出理由来说明某个事理是正确或者错误的,能够讲得头头是道。在同学当中也好,在教师里面也好,他们都看中我这一点,都说伍贻康的表达能力、分析能力、综合归纳能力比较强。有一次我印象很深刻,那是二年级的时候,苏乾英教授给我们讲亚洲史,他让我抽了一个题目,具体什么题目我已经忘记,总是在我答题以后,苏乾英老师对我大加赞扬,他说:"伍贻康,你这个人分析问题真是好,好像我很少看到这么好的!"他给了我特别的表扬。

校园生活,乐在其中

除了学习以外,我在复旦大学还参加了很多课外活动。一年级上学期我是课代表,一年级下学期开始我就是班长。同学们选我做班长,可能是我学习比较好的缘故。

整个历史系建立共青团团总支,一个年级是一个团支部,历史系4个团支部就组成团总支部。学校有校团委书记,系里有系团总支书记。一年级下学期,我的同班同学黄美真被选任团总支书记,她是福建人,人很积极,后来做过上海市地方志办公室主任。到了二年级下学期,系领导看中我,找我谈话,要我担任团总支书记,并作"半脱产干部"。所谓"半脱产干部",就是要抽出一定时间,帮助系学生委员(即管理全系学生的指导员老师)组织一些学生活动。具体而言,团总支书记要负责组织共青团的学生活动。现在回忆起来,我还是觉得这些活动并不神秘,也很公开,但是为什么叫"半脱产干部",我当时也搞不清楚。说老实话,做"半脱产干部"是要付出不少时间的,很多工作都是行政杂活儿,如参加会议、听些报告,并帮助组织活动。自二年级下学期开始,我做了历史系团总支书记。学校有规定,凡是"半脱产干部"的同学,因为要花一定时间在这项工作上,可以少选一些选修课,再利用一年的时间系统补课，也就是说，"半脱产干部"一般可以延长一年毕业。我有一个同学毕业后也留在复旦大学工作，他就是1958年毕业，比我迟了一年。我和黄美真都按学分制要求挤出时间安排上课，修满学分，按时毕业。

当时的历史系党总支书记是盛善珠，我一直接受她的领导。作为一名学生，我也没有那么大的能力，组织大型活动都还是靠学校和系里几位老师。1955年3月至1956年7月，我做了一年半的"半脱产干部"和系团总支书记。"半脱产干部"还拿工作津贴，我每月能拿到12.5元。所以，从二年级下学期开始，我就自己供养自己读书，家里不必再给我零用钱。当时我家经济收入不稳定，父亲在香港工作，大陆的政治形势越来越复杂，他一时半会儿也回不到上海。我同母亲说："我有零用钱，而且还是12.5元，比你给我的还多一点。"母亲很高兴，兄妹们也很高兴。

在大学中，对我而言还有一件很光荣、很重要的事情，就是我加入了中国共产党。我是在1956年5月，也就是大学三年级入党，1957年5月按时转正，在大学毕业前我就是正式党员了。

我为什么能够入党？很多人也问我："你父亲在香港，当时你怎么会想入党？为什么党组织也批准你入党？"后来我才慢慢知道，除了自己积极争取进步以外，家人和老师也总是帮助我进步。其中，我的二哥对我影响很大，他曾来信支持我入党。另外，我的堂叔伍特公的儿子伍必熙也入党了，伍必熙当时在复旦大学新闻系做副系主任，也积极鼓励我入党。我一、二年级时的政治指导员盛善珠跟我谈过几次话，"你学习应该努力"，"你学习很好，政治上应该进步，你叔叔（指的是伍必熙）也希望你入党"，她要求我有更好的表现。可见我的叔叔特意关照过我的政治指导员，督促我不断进步、早日加入党组织。

当时的大环境也让我对入党比较上心。我的父亲尽管人在香港，但他服务于中国旅行社和中国外贸公司经营进出口的永达商行，做仓库主任。我们同父亲可以通信，他经常寄钱给我们。后来我才隐约知道，父亲在香港的工作是与我国进出口贸易有密切往来的。如前所述，我的大哥可以进入

"革命大学"继续读书;我的二哥到东北读书工作,1952年就加入中国共产党,要比我早了3年,当时父亲也都是在香港工作。二哥的入党审查已经通过,我在1955年入党自然也不是问题。两个地方的党组织部门应该也联系过,组织审查是相通的。我如此猜测,是因为"文革"期间我和二哥先后被批斗,双方造反派也都是有联系的。

1956年1月,中国提出"向科学进军"的口号,这是中国现代科学技术发展史上的一个重要里程碑,也给我很大的鼓舞和激励,我就是在"向科学进军"的口号下努力学习工作而入党的。我进一步觉得自己应该争取做一个又红又专、接受共产党领导的知识分子,那时候的提法是"做又红又专的知识分子"。当时大学学习的目的、学习的志向是为人民服务,我完全接受这样的思想。毛泽东主席说我们的国家"一穷二白",我当时一心一意地觉得国家一穷二白正是需要知识分子的时候,更需要科学知识来建设我们的国家。日后能够为新中国贡献自己的一份力量,是我的人生追求,当时一心"听党的话","一切要听党安排","党叫干啥就干啥"。与同学们甚至亲友们相比,我自觉是一个天资不笨但也并不聪慧的人。值得肯定的是,我是个"笨鸟先飞"、刻苦努力肯用功的人。大学期间,我下决心把主要精力放在学习上面,看书、查资料、搞翻译、学写论文,就这样过着全身心投入的大学生活。由于我学习努力,成绩较好,加之评上"三好学生",党组织终于接受我的申请,我如愿加入了中国共产党。

我除了学习成绩优异,体育运动表现也还不差。历史系举办系运动会,两年一次,由系主任助理、党总支学生委员负责,我作为"半脱产干部"要帮助组织。我那时短跑较好,得过历史系运动会男子200米第一名。100米也有个名次,大概是第三名。另外,我踢足球,打篮球,玩单杠和双杠,但这些运动都不精。有一项运动据说是训练航空员的,两手套在一个钢圈里面,然后转圈,在大操场上沿着跑道转,一般人不敢玩,我还可以转几圈。

我们家人缺乏文艺基因。当时桥牌在中国没有什么瞩目的比赛,在国际上却很时尚,不过桥牌不算文艺,归入体育类。我的桥牌打得还不错,中学时就学会了。复旦大学全校学生桥牌比赛,我参加了历史系代表队,曾获得第二名。后来因为我越来越投入精力在学习中,桥牌就慢慢不打了。总体而言,在大学时我学习比较顺利轻松,有时考试前夕我还会去看电影放松心情。

做"半脱产干部"以后,我觉得自己组织协调能力发挥得比较好。我与本地同学、外地同学方方面面的同学关系相当不错。我不是只会埋头读书。大学一到三年级我们都有春假,就是在清明节前后有 3 天假期。大家根据兴趣自发组织过两次春游,一次是到无锡,一次是到杭州,我都参加了。可见我不是孤家寡人、独行侠,或是在政治上要求上进后就和大家不多来往、自以为是的人。

⊙ 1956 年 4 月,利用春假在杭州西湖游览

在毕业前夕,由于德智体能够全面发展,我在大学四年级时被评为复旦大学校级"三好学生"。学习、工作表现比较突出,再加上成为校级"三好学生",我有机会参加了两次特别有意义的活动。

一次是学校组织三好学生夏令营,前往青岛崂山。这是我第一次去青岛。全校大概有四五十位三好学生,历史系是小系,三好学生代表有两人,物理系、数学系、化学系这些大系的三好学生代表就多些。我们一行人大多是 20 岁左右的毕业班同学,年纪轻一点的也是大学三年级学生。我和中文系的陆士清(后来也是留校教师),还有杨福家(后来是中国科学院院士、复旦大学校长),都是通过这次青岛之旅相识的。我们就住在青岛海洋大学(今中国海洋大学)的教室里,台子拼一拼,下面铺上垫被,夏天住宿也很简单。活动的主要内容是爬山,我们比赛谁第一个跑到山顶,我是跑在前面的人。这次青岛崂山夏令营活动结束后,7 月我就大学毕业了。

另一次特别有意义的活动是,我被推荐参加上海市大学生慰问中国人民解放军代表团,庆祝我军解放浙江一江山岛,赴大陈岛前线慰问解放军部队。

一江山岛位于浙江省台州市区椒江口台州湾海面,分为南一江和北一江两岛,总面积约 1.75 平方公里,西北岛距大陆 30 多公里,西南岛距大陆 17 公里。解放初期一江山岛由国民党军队控制,蒋介石视大陈岛为"台湾的北大门",把一江山岛比作大门的门闩。1955 年 1 月 18 日,中国人民解放军华东军区部队首次陆、海、空三军协同作战,与国民党军队在这里进行了一场为期两天的战斗,完全占领该岛。

这次活动缘于中共上海市委希望慰问驻岛卫戍的解放军官兵,决定由团市委出面,组织上海市大学生慰问中国人民解放军代表团,由上海市团委书记潘书记带队。全体团员正式代表有 40 多人,当时复旦大学有两个代表,一个是化学系的女同学,另一个就是我。慰问团带了两支文体队伍:一支是上海大学生篮球队,一支是上海戏剧学院的话剧表演队,他们表演话剧《拾玉镯》,话剧表演队加起来有七八十人。本次活动是上海团市委领导组织安排,带去的慰问品也是团市委安排,只是以我们的名义送给部队。

代表团是在 1957 年 1 月春节前出发慰问的。这是我第一次没在家里过春节,所以给我的印象特别深刻。由于一江山岛是军事要地,这次活动我们只是去了大陈岛,那里是有机场的。我们从杭州集合(浙江军区司令部设在杭州),在杭州我们听了军区副司令的报告,到海边乘船到大陈岛。我记得那天杭州在下雪,我们有半天时间游览西湖,西湖雪景非常漂亮。

我是代表团的正式团员兼篮球队领队。之所以要我作篮球队领队,是因为复旦大学校篮球队是上海市大学生篮球队伍中最优秀的，这支大学生篮球队的主力队员有不少来自复旦大学。解放军为了欢迎我们进行了空军表演。我印象最深的是空军的一位师长，他亲自驾驶战斗机飞上蓝天，表演激动人心，我第一次看到战斗机在空中翻旋。师长下机后还穿着飞行服就跟我们座谈，他人不高大，但穿着飞行服很是潇洒。

我们还参观了国民党军队的兵营，等于现场实地上了一堂政治教育课。国民党兵营很小，还有军妓院，参观时讲解员告诉大家，国民党腐败，我们共产党就不会搞这一套。驻岛解放军还给我们安排报告，讲述中国空军的成长历史，我们的空军已经能够飞行战斗、保卫国家。在营房里面，我们同战斗英雄座谈，听他们讲战斗故事。整个活动令我终身难忘。返回时我们一行人没有经过杭州，直接回了上海。

我的大学生活非常愉快，丰富多彩。正如很多青年人回忆起大学时光一样，大学生活真的是最无忧无虑、最快乐开心的人生黄金时代。

我的学生时代，真正有意义的是从高中到大学的 7 年时间。这 7 年是我在学业、政治上成长都比较快的时期。这 7 年的成长，也为我日后的工作进步打下良好扎实的基础。

三、 毕业留校与下乡务农

"一辈子当农民"

1957 年临近大学毕业时,我就下过农村,这是"城里人第一次下乡"。那是因为"反右"政治运动,我们毕业班不再要求写毕业论文。当时正值 5 月,学校组织我们毕业班同学下农村劳动,去割稻、挑稻,帮做杂活,偶尔去两个礼拜,时间并不长,完全按照农村干部的要求分配支农任务。

我没有机会写毕业论文,但大学二年级时我们写过学年论文,我的论文题目是"英国都铎王朝的兴衰",后来作为优秀论文上台做过报告,所以,对于论文写作我也并不陌生。

1957 年 9 月本科毕业后,我被留在复旦大学历史系任教,并被鼓励攻读副博士研究生。副博士研究生是当时我国高校学习照搬苏联体制的产物,相当于现在的硕士研究生。解放后中国高校还没有恢复授予学士、硕士、博士学位,1956 年仅在北大、复旦等少数几所重点高校恢复副博士研究生招生。我参加的 1957 年副博士研究生考试,也是我国恢复副博士研究生招生的第二届。

那是一个"运动"的年代,整个中国都处在接连不断的政治运动中。在 20 世纪 50 年代中期,毛泽东主席提出:"农村是一个广阔的天地,在那里是可以大有作为的。"周恩来总理具体部署了知识青年上山下乡运动。1957年底，按周总理要求，应届大学毕业生都要下乡下放到农村锻炼。这种要求知识分子向工农兵学习的改造式运动，体现的是共产党政策在劳动学习中改造自己的思想。为了响应中央号召，当时复旦大学迅速组织了100多人的下乡劳动锻炼团。在这100多人中，应届毕业生大概只有30人左右，大部分是在职的青年教师，这些人有的已经结婚，也有四五十岁的做校务工作的劳务人员，但大多比较年轻。历史系在1957年一共留校3人，因为种种原因其他两人没去下乡劳动锻炼，只剩我一个人去了。下乡带队的团长是复旦大学团委书记徐震，他担任团委书记多年，以后也一直在校领导部门工作。

我当时认为我们这些在城市里长大的人应该响应党的号召，到农村去劳动锻炼，向工农兵学习，要脱胎换骨、净化改造自己的思想，争取做个又红又专的知识分子。但当时也有一些提法让我感到疑惑：领导动员我们时提出，"你们这些青年知识分子，特别是应届毕业生，要准备'一辈子当农民'"。我嘴上不说，但心里却在嘀咕，我已经是大学教师，编制和工资都确定了，而且领导已经同我谈过话，鼓励我报考、攻读副博士研究生，我也已经报考、参加考试、在等发榜，怎么还让我"一辈子当农民"呢？我一直非常听党的话，但是鼓励我继续求学、攻读副博士研究生、做大学老师的同时，又动员我做好一辈子当农民的准备，这两个相互矛盾的政策让我丈二和尚摸不着头脑。是当农民还是当老师，我自己无法统一这二者之间的矛盾。

这种矛盾的心理并没有困扰我很久，既然现阶段党把我派到农村劳动锻炼，我就努力做好眼前的事情，也做好一辈子当农民的思想准备。所以下乡时，我便没有带什么专业书籍，除了几本平时爱看的闲书外，只随身带了几本俄语书。因为我在大学学习的是俄语，我担心万一哪天党需要我去读副博士研究生，外语肯定是需要的，我不能在农村劳动时荒废了俄语，于是我便带了几本可以巩固俄语学习的书。在劳动锻炼期间，我们每个月可以回家一次。我不时又带回些历史人物传记类的书籍。因为农忙过后总有空闲时间，即便无聊的时候我也不会真的像有些农民一样不干事、睡大觉。

我们一行去的是上海市宝山县的葑溪乡，这是上海市管辖范围的最边缘、与江苏省接界的地方。从葑溪乡走大概一个多小时就能到江苏省的浏河镇，我曾走路去过一次。葑溪乡离上海市区较远，坐公共汽车回家要花上两个多小时。葑溪乡是一个比较大的乡，复旦大学的下乡劳动锻炼人员被分散在各村，我被分配与校医邹致仰一组。邹致仰比我年龄大，当时30岁上下，已经结婚。因为我之前与校医没有什么接触，并不认识他。我和邹致仰被派到北侯宅，分配住在最贫困的老贫农老侯伯家里。老侯伯是位60岁的老农民，在村里算是见多识广的。他的大儿子在外面工作，大儿媳妇住在家里，还有一个小儿子在读小学，也住在家里。老侯伯的老婆虽然才50多岁，但看上去已经很老，包着农村流行的青布白点头巾，平常还兼做接生婆。50年代在偏远的上海郊区，条件好一点的人家都已经选择在医院生产，但是那些条件比较差、收入比较低的家庭还是会请她去接生。一年当中我记起她多次去接生，完全是老法的接生技艺。

◉ 1958 年，我在上海市宝山县葑溪乡下放劳动锻炼

　　北侯宅是一个自然村，在一条小河旁边有树、有景，四周是大片的农田。村里的农民以侯姓为主，生活大多比较穷困，大概有十来户人家的样子。随着岁月推移、代际迁徙，北侯宅的村民也不完全都是侯家人。我记得离我的住处不远、10 分钟脚程开外，就有一户姓沈的人家。独立的一个大院里住着一户人家，小夫妻年近 40 岁上下，养育了两个孩子。当时农业合作化的

高潮阶段已经过去，北侯宅的生产队很分散。

这次下乡劳动锻炼原计划一年时间，一年之后调回大部分人，而包括我在内还有一部分人则继续留在农村，另外还调换了不少新人加入下乡队伍。我实际上在农村待了1年7个月，这是我第一次长时间生活在农村，和真正的农民一起同吃同劳动。我是生在上海、长在上海的城里人，在此之前一直没有离开上海市区生活，家里也没有任何的农村社会关系和亲属关系，所

⊙ 1958年，我与复旦大学经济系教师袁开业一起在蒳溪乡劳动

⊙ 1958年在上海市宝山县蒳溪乡时，与复旦大学历史系教师江爱沪和复旦大学职工老李、老瞿、老邹等人在一起

以,这次农村劳动生活的所见所闻,对于我这个在城市里长大的青年人而言,新鲜有趣,印象深刻。

"同吃同住同劳动"

我们当时下乡的一个要求是要同农民"同吃同住同劳动"。

与农民"同吃"这个要求,我们做到了。我一日三餐都在侯老伯家里吃,他吃什么,我就吃什么,早饭、中饭、晚饭都是如此。我们不是在他家白吃白喝。当时团里统一规定:不论年龄、性别,复旦大学下乡的同志都要交9元的伙食费给吃饭的老乡家。之所以定9元,是因为当时复旦大学年轻单身教工的伙食费就是9元,后来大概涨到10元、12元。当时的农村干部很不错,党的政策要求干部要密切联系群众,有一位姓顾的副乡长负责联系生产队、在侯家宅蹲点,他也偶尔同我一起在侯老伯家搭伙。大家都叫他顾乡长,我也一直叫他顾乡长,他是有点知识文化的。我不知道他交多少钱的伙食费,他并不是天天来,只是不时来吃一顿,一般都是中午饭。农民吃的确实很差,这种情况也是我有生以来第一次碰到。伙食以素菜为主,不过因为都是自己种的,非常新鲜。一般每顿饭只有一个素菜,一点萝卜干或蚕豆。我们还能偶尔吃点鱼,鱼都是在河里打捞到的,我估计侯老伯家不会去买、也买不起;偶然也吃点肉,不是大块肉,只是一点切片、切丁、切丝的肉。因为我是回民,是不吃猪肉的,但我开始并没有说明。第一次时我不吃猪肉,侯老伯也没注意,以为我是客气,后来他看我一直不吃,就要夹给我,我就告诉他我不吃猪肉,还告诉他我家里信奉伊斯兰教,我从小不吃猪肉。以后,凡他家吃肉就单独给我做个荷包蛋,对此我很过意不去。农民对我们很纯真、很热情。到农村之前,我们内部宣布:"农村生活很苦,你们交钱搭伙吃饭,如果吃得不好,可以带点饼干和点心之类。"我当时觉得吃得很苦,就带些饼干在晚上六点或更晚些时吃一点垫垫肚子,因为吃不饱就没有力气干活。

"同住"这一条要求,我们没能完全实践。实际上是我们没有办法和农民住在一起，1957年底的中国农村居住条件还是很差的。侯老伯家没有大客堂间，我们两个人也不方便同人家兄弟姐妹住在一起，所以，我俩并没有住在侯老伯家里，而是被安排在村头旁边一个大的草棚屋里住。这个草棚我印象很深，上面盖着厚草，旁边是漏风的竹篱笆，地是泥土地。据说这个草棚曾经养过牛，我们搬进来之前早已不养牛了，如果当时还养牛的话，我想我们两个人还真是吃不消。那个草棚屋还不只单用作我们两个人住宿，当时已经农业合作化，生产小队的一些农村物资就堆在隔开的另一边，草棚屋有三分之二的空间是很凌乱的、也相当脏，剩下的三分之一我们就搭出两个竹架床铺，铺上稻草睡。我们自带被子和床单，没用老乡的一针一线。大小便要到外面的简易有篷的茅坑。现在想想，我俩在这样的环境条件下住了一年，也还真不容易。屋门口有一口水井，我们吃的就是井水。每天我的第一个任务就是为侯老伯家挑井水，倒在他家的水缸里。他们家老的老，小的小，女的女，我自然义不容辞。我们住的草棚屋旁边是一套比较好的房子，房子还有围墙，我从来没进去过。他们告诉我这家是地主，老地主已经去世，小地主在外面做中学教师。那时土地改革早已完成，地已经分了，但地主家的房子并没有被分掉，院子好像还是小地主家的，里面还有一两个女人在生活。我这个共产党员、青年教师是绝对不会去拜访地主家的。我不研究农村问题，也不了解农村社会，单纯觉得北侯宅村中的实际情况与小说或者报道里土地改革过程中农民分田、分地之外还分房的状况有所不同。

农村的生活与城市生活差别很大。第一次体验农村生活，我印象很深的是关于用水问题。村里人除了吃的是井水以外，洗菜、淘米、洗衣服都用河水。北侯宅村有一条河流从中间穿过，每家每户都有两三级石头台阶，可以直接下到河流的堤坝。这条河流实际上只是一条小溪，人不能过，船不能行。人们在河的上游洗菜淘米，与此同时，人们在河的下游洗衣服、刷马桶。在农村，衣服不会每天都洗，只有很脏时才会去洗，妇女们拿木棒在河边石头上"咚咚咚"地敲打衣服，肥皂用得很少。马桶倒在河边的一个坑里，倒好之后顺便在河里刷干净了带回去。这在我原有的观念里实在不能想象和接受：用来淘米、洗菜的水是要吃进腹中的，而洗衣服、刷马桶的水很脏，怎能用在同一条河流的水呢？大概河流、小溪都是活水，每个村庄都有上下游之分吧。

还有一件因城乡生活差异而产生的趣事。我去农村时是在冬天，也没有留心当地妇女的穿着。一个夏天的中午，天气炎热，我到侯老伯家吃饭，一进门就看到他的儿媳妇只穿了肚兜和长裤，我便立刻退出门外。在我脑中城市里的女人只有在自家私房或者晚上睡觉时才会这样穿，我贸然走进去非常不礼貌。于是，我在外面等了很久，直到他们喊："伍同志，来吃饭了，来吃饭了。"他们一连叫了几声，我看到他的儿媳妇还是那样穿着，才小心翼翼地走进去。后来我才知道，当地农村家家户户的媳妇甚至小姑娘都这样穿，夏天她们怕热，上身只穿个或红、或绿、或其他各种颜色的肚兜，只要人在院子里就行，当然出门时她们还是要穿件上衣。所谓"院子"，并不是只在自己家里，偶尔去左邻右舍串串门也没关系。另外，在农村妇女育儿喂奶也是当着大家的面进行，毫不避讳。

"同劳动"这一条要求，我是不打折扣地做到了。当时大家一起劳动，我们随生产队派工出工干农活。我年龄比较轻，个子也比较高，年轻的时候有1.74米，也有人说我有1.75米，算是比较身强力壮的。我尽管几乎所有农活都不会干，但是总会冲在前面学着干，尤其是需要重体力的农活，我更是会抢着说："我来试试看。"所以基本上所有农活我都干过。

犁田是农村最常见的农活，但我只犁了一次就出了大洋相，以后便不再敢干了。大概是在我下乡半年后，一次我看到一个30多岁的青年人正在犁田，出于好奇，我说："我来试试看，我来向你学习学习。"那时我已经和村里人的关系比较熟，他便答应了。他先教我如何犁田。我用的是用一头牛拉一个犁把组成的单犁，不是电影里经常出现的两头牛拉一排犁把的那种。犁地时，犁要搭在上面，犁把是木头做的，有一把刀在当中，我们赶牛时要把犁把按下去，牛朝前走，人也跟着走。犁把的倾斜程度是有规定的：犁把按下倾得浅，地犁得就浅；犁把按下倾得深，自然犁得也就深了。犁田是有技术含量的，犁地的人水平高低很明显。一般年轻人犁把按下倾得深一点，年纪大的、力气小的人则犁把按下倾得浅一点。那位老乡嘱咐我，应该将犁把按下倾得不轻不重，太深我会拿不动，太浅犁则容易"浮"起来，实际上不能犁地。我用绳子牵着牛，两脚站在犁上面。这一定要两脚站上，因为只站一只脚会犁偏。当时自己一打牛，老乡帮我把犁把按下一倾，牛就朝前走，我当然也被拉着向前。牛走了两三米路，因为我把犁把按下倾得不深，牛觉得蛮"轻松"的，便跑得快起来。我一脚踏空，膝盖"啪"地就跪了下去。老乡立刻吆喝牛停下，牛也很听话地停住，我赶紧爬起来，真是万幸没有受一点伤。老乡非常后怕，他对我说："伍同志，如果刀口碰到你腿上的肉，重则皮开肉绽，轻则也会被划伤。好险啊！"按理我拉着犁跟着牛走，一般情况下不会有意外。但是因为我以前没干过农活，脚没站稳跪下去时，腿正好弯在犁刀当中，刀口十分锋利，真是危险。好在这次意外有惊无险，只是我事后想想多少有些后怕。这既说明我有些不知天高地厚，也证明我当时年轻，不怕苦不怕脏，重活、难活、技术活都抢着干，学着干。

最辛苦的劳动是挑粪，我干过很多次。每个村都有很多、很大的粪坑，劳作的人要从比较远的粪坑里自己舀。1957年中国的农业合作化已经进入高潮，1958年是人民公社的前阶段，那时农村集体化程度已经很高，粪坑基本上也不是每家每户所有。我们一般把粪挑到稻田，由老农来浇粪，他们在哪里浇粪，我们就停在哪里。我们这些男劳动力将一担粪挑过去，带着空担回去，再挑第二担、第三担，一般要来回挑10担。老乡说两个粪桶基本上能装100多斤，我还挺能干的。1971年在复旦大学奉贤的"五七干校"时，我参加过一次挑粪比赛，最高成绩能挑到220斤。

挑稻、挑麦我也都能挑到100斤以上。100斤以上的稻麦可以堆得很高。我们挑稻、挑麦时，走的路远近不一，有时从离得较近的稻田、麦田挑，远的时候大概要走1 000多米。我属于农活干得相当不错的，能做到半路换肩挑。稻和麦都是成熟以后才能割，不成熟就割等于浪费。人们挑稻和麦时一般一路不停，停下来再挑起时会因为抖动太多，特别是在技术不好或者捆绑不好的情况下，造成很多成熟的稻穗、麦穗撒落在地上，能换肩挑就可以减少这种浪费。农村中劳动力弱的、年纪大的人或者妇女、小孩都会在收割稻麦的田埂路上捡拾稻麦穗。拾穗是一项轻劳动。我如果农活干完了,其他人还没收工,我也会跟着他们去拾稻麦穗。生产队关照我们,要是吃不消可以停下来,但是我们心里都知道一旦停下来就会有损失。最初挑稻、挑麦时我也会觉得累,要停几次才能够挑回来,后来体力、技巧越来越好,只是偶尔会在中途停一次。

最苦的农活,我认为是冬天挑河泥。江南河道众多,里面通船。河水不深,只需人拿个杆子一撑,船就朝前面走。河床淤积的泥多了,河道越来越浅,则不利于行船。需要挑河泥的河一般是农村的小河,也有较宽的河流,当然要比侯家宅旁的小溪要宽得多。农民利用冬天不干农活的时间挖河、挑河泥。所谓挑河泥,就是把河水淘干封住,河底朝天就可挑挖河泥、疏通河道,使河道加深、疏畅。利用冬天河水浅、少的特点,封一段,挑一段。有人会将河底到地面做成台阶,我们走台阶下去挖挑河泥。这些台阶的制作需要技术,我们的水平不行,直到后期我也做不好。小河一般需要五六级台阶或者六七级台阶,我记忆里最宽的河能达到10来级台阶。台阶之间的级差很小,因为人挑着河泥再朝上走是很累人的。台阶很扎实,绝对不会踏上去就滑掉。一旦某个人滑倒,河泥担子就被打翻,万一后面还有人,很容易造成多米诺骨牌式的连锁反应,因而挑河泥时一般不会几个人紧跟着朝上走。我挑过很多次河泥,着实是又累又苦的重活。有时候,我们也会去开河,就是将河道挖深、拓宽,这个农活因为要将河道挖得更深也更艰难。一般挑河泥大概需要六七天或者八九天,干起来很耗费体力,即使在冬天也是穿着单薄的衣服,方便出汗,易于晾干。

我记忆中最脏最难闻的农活是撒羊粪,我只做过两三次。南方的农村养羊一般都不多,每户只养两三只或者三四只羊,甚至有的只养一只。养的时间长了,人们将羊赶出羊圈,大家集合来掏羊圈下面的羊粪。我们只是负责挑羊粪,不知道他们是怎么把羊粪弄出来的。羊粪是长久积累下来的,又骚又臭。农民要把羊粪打碎,均匀地撒在农田里,在50年代干农活时没有人戴口罩,其臭味可想而知。虽然撒羊粪不是很累,但是实在太难闻了。

当然,我也干过插秧的活,这活虽不很累,但是腰板难受,插秧后常常腰都直不起来。

轻松的农活我也干过不少,最轻松的就是摘棉花。上海郊区棉田不少,摘棉花对我们来说是最省力的农活。在农村需要男劳动力、重体力的农活多由青壮年农民去做,一般不会叫我们去做。闲暇时我们会同农村妇女一起摘棉花。拣棉花更是轻松,一般在雨天或是天气不好时,我们围坐在一起把棉籽、棉球分开,拣出白的好的棉花。我也去拔过油菜,油菜干枯时轻轻一拔就拔了出来。天冷时我们还会捡棉花、拔棉枝。那时农民每家都还有一小块自留地。侯家老婆婆在自家的小菜园里种菜,有时也让我帮忙去种菜、收菜、摘豆、捡豆。我在农村这一年多可以说什么农活都干过。从强劳动到普通的农村劳动,再到清闲的普通老太太都可以做的农活,我都干过。

我们这次下乡,每个月可以回家休息两天。虽然在农村没有星期天,但我们一般选择星期五、星期六放两三天假,恰逢节日时还会多放一天。

一年以后大部分人都回到城市,还留下几十人在乡下,具体的人数我也不大清楚。与我一同毕业的几个理科生,如数学系应届毕业生李大潜(后为中国科学院院士)、严绍宗(后为复旦大学教务长,我做副教务长时与他在同一间办公室)都回去了,团长也回去了。尽管在1958年1月,我已经被通知考取了副博士研究生,专攻世界近现代史,但因为我劳动锻炼表现较好,加上年纪轻,就被留下来。我要特别强调:留下并不是惩罚。后半期我还负责过下放中队。

1958年12月,我离开侯家宅,再到距离侯家宅有半小时路程的三星队劳动。当时农村已经搞起人民公社,三星队不像侯家宅一样是个自然村,生活环境和条件有明显改善。我们三四十人分在三四个地方住,每个地方有10人左右,男女分开。我住在一间木板房的二楼,睡的床是大通铺(上海没有北方农村的炕)。那间木板房原来可能是大队的办公室,我们这类下放干部既不领工资,劳动也不要工分,大队给我们的居住条件要比之前的条件好得多。1958年8月,毛泽东说:"看来'人民公社'是一个好名字,包括工农兵学商,管理生产,管理生活,管理政权。"我去三星队时已经建立人民公社,已经是"工农兵学商"汇集的大集体。我曾经做过三星队的生产队副队长兼党支部副书记。队长不在时,我还代理他派过工,可见我已经相当熟悉农村劳动事务。不过大多数的派工都是队长事先交代好：他有事开会去，交代我到时集合布置，这个人做什么，那个人做什么。

1958年5月，中共八大二次会议正式通过"鼓足干劲、力争上游、多快好省地建设社会主义"的总路线，之后便开展了"大跃进"运动。我在农村时恰逢"大跃进"运动如火如荼进行之际，不过在我的记忆中，我周围并没有乱来，至少我所在的地方并没有大炼钢铁。事实上，我认为复旦大学的"大跃进"远比农村荒唐。我印象很深的一次是中午把我们叫回复旦，下午听报告，晚上挑灯夜战，我那时是副博士研究生候补，历史系的教师队伍竟然创造发明，搞一个电子电池之类的玩意，最终大家无功而终，真是令人莫名其妙。

农村的荒唐事也不少。当时有个"除四害"的活动，"四害"先指苍蝇、蚊子、老鼠和麻雀，后来麻雀被"平反"，臭虫加入其中，再后来臭虫又被蟑螂取代。我们捉过麻雀。在上海市区，人们可以到高楼大厦上面赶麻雀，农村乡下没有高楼，我们就在二层楼上拿竹竿绑上芭蕉扇赶麻雀。因为麻雀有时飞下农田来吃东西，捉来的麻雀会被弄死，但不允许吃。有些小青年可能偷偷吃，和我们在一起的老贫农思想正统，从不许我们吃麻雀。或许他们偶然可能会吃，但不会给我们看到。总之，我没有看到公开烧吃麻雀的行为。上海的麻雀本就很少，这样一来就基本销声匿迹了。当时我没有感觉，事后觉得十分荒唐。麻雀吃米粒稻谷是不好，但它们不是还吃掉不少害虫吗？！

深耕也可以被列入荒唐事，而且最为莫名其妙。我刚去的时候还是合作社经济，三五人或五六人一起耕田。普通的耕田只需要耕两三寸或者三四寸，浅的只需要一寸多一点就可以。到"大跃进"和人民公社时，20多个人排着队深耕，称为"大兵团作战"。我站在大水车旁边，像小领导一样指挥大家深耕。深耕一小部分是牛犁，大部分还是人力耕。深耕要耕一尺多深，甚至有一次要挖近两尺深。劳动者要用铁搭锄头翻地，扎地越深，力用得越大。一次连一次地耕翻农田，事后我认为这样做很荒唐，不但没有增加产量，甚至可能会造成减产。

我所见到的农村中不近人情的事情并不多。我在侯家宅人民公社吃过大锅饭，大家吃统一灶头，而且是敞开肚皮吃饱饭，没有发生哄抢或者没饭吃饿肚皮的现象。大锅饭大概维持了一两个月，后来开不出伙仓，经营不下去，公共大食堂就解散了。人民公社成立时，我们敲锣打鼓地欢迎。实事求是地说，有些人就是懒人，无关社会制度。举例来说，我到三星队做副队长时管过记工分，不同的工作有不同的工分。每个村社总有几个调皮捣蛋、懒散一点、二流子式的人，他们并不是很坏，但在给他们派工时要非常认真，明确地告诉他们要完成哪些具体事情，否则他们肯定会偷懒、打折扣、马马虎虎糊弄了事。我所在农村不存在抢分东西之类的现象，也没有什么极端的、丑陋的农村生活记忆。

返回复旦，继续学业

我在 1957 年 11 月下旬去农村劳动锻炼之前，已经参加了复旦大学副博士研究生考试。1958 年 1 月我收到录取通知，然而直到 1959 年 7 月，我回到复旦大学后才正式攻读研究生。大时代下的个人经历与国家大事常常密不可分，我的研究生生涯或多或少能够反映出这一点。我是以副博士研究生的名义开始自己的研究生生活，那时中苏关系尚处于"蜜月期"，这一制度本身就是向苏联学习的产物。随着中苏关系破裂，中国也就取消了副博士的学衔，改成四年制研究生。

我的研究方向是世界近现代史，研究生指导老师是靳文翰先生。恩师靳文翰是河南开封人，1935 年毕业于清华大学，后赴加拿大多伦多大学求学，1943 年获法学硕士学位，曾任昆明西南联合大学研究员、美国芝加哥大学法律学院研究员、东吴大学教授，建国后先是在圣约翰大学当教授，后来在复旦大学历史系任教并担任世界近现代史教研室主任，是中国世界现代史研究会理事长、中国美国史研究会理事。靳文翰先生的专长是世界史及美国史，曾经主编出版《世界历史词典》，获得上海市 1979—1985 年哲学社会科学著作奖。在我做研究生时，靳文翰先生正担任历史系世界近现代史教研室主任。

在靳文翰先生的指导下,我的学术生涯才算正式展开。1960 年 12 月,我在上海市社会科学界联合会历史学会年会上作"关于美国总统罗斯福"的报告,这是我的学术报告处女作。我的毕业论文题目是"美帝国主义与慕尼黑阴谋",随后我在《历史教学》(1961 年 8 月)上发表《美国"中立"法的帝国主义本质》一文,该文是我在全国性学术刊物发表的学术论文处女作。

我做副博士研究生期间,一个月可以得到 72.5 元津贴,比我在复旦大学当助教时 65.5 元的工资还要高。由于当时政策规定"不降低收入,就高不就低",我在毕业转为教师后仍然一直领取 72.5 元工资,直到升为讲师。我们同届毕业生(如与我同班的两个同学留下来担任复旦大学历史系教师)在转正前每月拿 60 元的工资,一年以后转正是 65.5 元,一直到"文革"结束,我都比他们每月多拿 7 元。这也是得益于"副博士"这一名衔。

1961 年 7 月我研究生毕业,9 月正式开始在复旦大学历史系的教学生涯。我被分配在复旦大学历史系世界近现代史研究室,该教研室的同事包括庄锡昌、金重远等人。当时历史系教师只有一个党支部,我与后来在"文革"中大名鼎鼎的"罗思鼎"组长朱永嘉同属一个支部,他任党支部书记,我任支部组织干事。那时,我担任靳文翰先生给历史系本科生讲授"世界现代史"的助教,同时在靳老师的指导下主讲部分章节。由于当时学校规定教师必须先给外系学生上课后方可给本专业授课,我便在新闻系开设"世界现代史"课程,连续讲授三届。另外,我还被任命担任历史系 1961 年入学新生的年级政治辅导员,与时任班主任的朱维铮共同承担该年级同学的指导管理工作。自从教后,我的学术活动从没有中断。1961 年 12 月,我参加了上海市国际关系学会年会,并且在会上作了"民族主义国家中军人作用和地位"的学术报告。

20 世纪 50 年代末 60 年代初,中苏关系发生逆转,两国关系破裂,两党之间甚至公开论战。1962 年,为了应对中苏论战,中共上海市委宣传部成立"反修写作组",我被市里借调到该组参加相关工作,借调为期一年。"反修写作组"在上海市区工作,我在复旦大学的教学任务仍然继续、并未中止。我还陆续发表了多篇论文,如《历史教学》1962 年第 5 期发表的《第二次世界大战前美国和希特勒德国的关系》、《历史教学》1963年第2期发表的《美帝国主义与慕尼黑阴谋》等，这些文章都是研究生毕业论文的延伸成果。

我的研究生阶段恰好是我国的"三年困难时期"。我家在这3年的生活条件并非十分艰苦，可以安然度过很重要的原因是有外汇收入。当时父亲在香港工作收入的是港币，港币与美元都是当时国家经济急需的珍贵外汇，父亲通过邮局寄来港币，母亲取钱时邮局会给我们相应的外汇券，用外汇券在上海可以买到牛肉、粮食等，并且都有优惠，价格还比市面上卖得便宜。母亲有时会在永安公司的七楼买些牛肉、牛奶、点心等。当时父亲在香港，兄弟妹四人在北京和东北工作、学习，家里就是祖母、母亲两位老人。两位老太太平时吃得很节约，礼拜天我回家去，她们总会给我烧些好吃的饭菜，我们家里没有人苦到饿肚子的地步。不仅我家中没有人饿肚子，复旦大学里也没有发生饥荒。在我记忆中，上海也并没有饿死人的现象发生。当时有些省份发生了饿死人的情况，确实很可怕。上海是在中国经济、政治舞台都占有重要地位的城市，其物资供应相对可以保证。我印象很深的是在农村菜农收割蔬菜时，有时菜农会把卷心菜的外叶丢弃。如果确实存在饥荒，人们肯定珍惜所有的食物，一定不会有随意丢弃菜叶的行为。我在做研究生和青年教师时，为响应学校食堂的号召，有两次我们一行几人到附近农村去拾菜皮，然后交给食堂。

政治运动，一再下乡

除去1957年至1958年间的务农生活以外，我后来还曾多次参加校、系组织的"三夏"和"三秋"支助农忙下乡劳动，间歇被派去工厂、码头学工。

1965年7月，复旦大学党委调派我参加中共上海市委领导下的"四清运动"工作，我再次下乡一年。我先是下乡去了上海市宝山县罗店公社的民众大队。当时罗店公社四清工作队团长兼党委书记由上海市公安局副局长卢伯明担任，他是老革命，"文革"前夕担任上海市人民政府外事办公室副主任。"四清运动"时我一开始担任工作组组长，独立负责民众生产大队的工作。我的主要任务不是劳动,当然偶然也会参加些劳动。这次我们尽管以干部身份下乡,但也还要和农民一起生活、劳动,只是不再说"同吃同住同劳动"。"四清运动"的内容,起初在农村中是"清工分、清账目、清仓库和清财物",后期在城乡中表现为"清思想、清政治、清组织和清经济"。

我担任工作队组长半年,后来被调到罗店公社四清工作党委做党委联络员。那时在农村到处跑,自行车是必不可少的。联络员必须到各个生产大队收集情况信息,整理之后写简报。罗店公社四清工作党委专门给我配置了一辆自行车,我的工作就是骑自行车上下沟通。直到"文革"时,我才自己买了一辆自行车,每天骑车上下班。我曾特意计算过,从长乐路28号"铁庐"到复旦大学大约22公里,正常时单次只需3刻钟即可,我每天骑自行车在2小时左右(包括校内活动)。我的骑车水平很高,可以双手脱把骑行很长一段路,单脱手更是不在话下。我一直骑的是永久牌自行车,1967年时一辆自行车是120元左右,20多年我总共调换购买过三四辆自行车。后来自行车的价格贵了些许,我的最后一辆自行车大概是180元。我骑自行车上下班坚持了大约有20年,直到我担任复旦大学副教务长时,因为工作太忙太累或者晚上开会太晚骑车不便,我才逐渐放弃骑车上下班,改为乘坐复旦大学定点校车上下班,如果开会太晚就自己乘公交车回家。

后来,我又因战备疏散而下乡。在1969年国庆节前,复旦大学得到通知,需全部疏散到郊县农村。因为即使打仗,农村总不可能完全被毁掉。复旦大学本来因为"文革"就已经停止招生,现在又要全体疏散到农村。我随资本主义国家经济研究所的全体人员再次来到宝山县罗店公社,在生产队里吃住劳动达半年之久。

在战备疏散时,因为时间仓促,农村没有准备,我们下去的人又多,所以住宿是个大问题。我们被安排住在一个大鸡棚,这是千真万确。因为"四清运动"时我来过这里,亲眼看到我们这次住的地方正在养鸡。资本主义国家经济研究所的老老少少、男男女女共约40人,年纪最大的两位教授已50多岁,最年轻的是20多岁。这么多人都到农村,罗店公社找不到合适的地方让我们居住,于是,不到10位女老师被分散住在客堂间,余下的20多位男同志就只好挤住在原先的那个大鸡棚里。鸡棚已经被改造过，打扫干净，泥地上铺了厚厚的稻草，墙上刷些墙粉，加之原来鸡棚就已经垫得相当高。我们自己带着被单，就铺在稻草上面睡觉。我们这回住的鸡棚要比之前的牛棚大得多，但是20多个人住在里面还是很拥挤。睡的是大通铺，人们分睡在棚屋的两边，一人紧挨一人，棚屋中间是一条走道。晚上起夜的人要开门跑到外面，一拉门就发出吱吱呀呀的响声。说来也真有趣，我住过牛棚，此时又住在鸡棚，都是在我没有被打成"反革命"的情况下。而当我被打成"反革命"时，我倒还能住在复旦大学的学生宿舍！我没被关进过牢狱，但我想当时我们这些大学教师住得可能要比牢犯还差。

我们这次去农村和之前去侯家宅时完全不同，这次是由"工宣队"带领着我们去农村的。那时"工宣队"早已进驻复旦校园，我们都已沦落成"臭知识分子"、"臭老九"。老实说，有些"工宣队"成员真不把知识分子当人看待。我们是集体劳动、集体开伙，不再和农民"同吃"。农村已经是人民公社，劳动都是集体工作。我们不是由公社派工，而是统一由"工宣队"和造反派的头头，也就是几个工人和造反派青年教师派工。我们这些人，时而学文件、学毛选，时而开批判会，当然大部分时间还是去劳动。我那时候要比在侯家宅时劳动更加熟练，挑稻、挑麦可以不换肩挑相当长的路。饮食上也是我们自己负责，集体开伙。年纪大的女同事负责烧饭，我们这些人则轮流做采购员。我在相当长时间负责过采购，这项工作要利用劳动之外的清晨时间完成。因为我们这个队离罗店镇很远，步行大概要走50分钟到1小时，轮到哪个人采购，那个人在半夜4点多就要出发。农村的道路很狭窄，骑车需要比较高的"技能"。当然自行车和独轮车还是很有用的，采购员买了蔬菜等可以推着自行车回来，省些力气。我的骑车水平已经高到可以在田埂上骑行。如果我白天去采购，可以绕近路在田埂上骑过去，只是途经很陡的桥时才会下车推着走。那时的生活相当艰苦。1970年3月，也就是半年后，我们才返回复旦大学。

1970年10月，复旦大学奉上级命令，在上海郊区奉贤县近海滩开设"五七"干校。我随全所成员又到干校劳动，再次下乡进行整整一年的"斗批改"活动。复旦大学的"五七"干校建在近杭州湾的荒滩地上,搭建了一些临时性的住宿场所,条件十分简陋。起初我们在海滩边一个原农场修的房子里打地铺,住宿条件比在鸡棚要好一点,生活条件也稍好一点。但是,梅雨天时屋子里回潮十分严重,人住在里面很不舒服。我们开头是住通铺,后来复旦大学搬来一些双层床,就改成睡双层铺,这要比打地铺好多了。

在干校,大部分劳动是集体性的各种开荒作业,没有什么特殊工作,此外,我们还有一些拉练活动。我唯一印象深刻的是大家都很乐观。干校在奉贤海边,交通很不方便。我回家需要先走很长的路到镇上,坐公共汽车回到上海市区,几经换乘后才能到家,每次回家要花费差不多两个多小时。我们在奉贤劳动时,一个月才能回家一次。在干校期间正值我的妻子怀孕,快生育时家里人打电话告诉我,妻子已经被送进医院,要我回家照看。我去向"工宣队"请假,但他们不准假,说:"你在那里又没用处,等休息的时候,你再回去。"尽管当时我已经不是被批斗的对象,但还属于"臭老九",他们认为我是被看管的对象或者至少是不予重用的人。我一直挨到月底放假时才赶回妻子的身边。"工宣队"当时的做法简直没有基本的人性关怀。

1972 年,复旦大学资本主义国家经济研究所被委以重任,全所恢复业务工作,我们才得以恢复从事科研工作。其后每年夏秋各有两周下乡或到工厂劳动,其余时间我们都能在学校工作。"文革"中还有很多次学工,例如,我在上港六区做过码头搬运工,一天 8 小时搬运单件重量 50 斤的水泥、铁块;也做过环卫工人,收集弄堂口垃圾;还做过列车员,跑上海至乌鲁木齐、重庆来回的火车,等等。

我这个在城市里长大的青年知识分子,竟然有如此多的时间在农村劳动生活,间隔着到港口码头、工厂车间劳动锻炼,甚至干过环卫工、列车员、营业员等多个工种,在今天看来非同寻常、难以想象。我自己计算过,包括"四清"运动在内,我在农村生活劳动长达 5 年以上,其他各类劳动加起来也有 1 年以上的时光。我觉得到农村、工厂等劳动锻炼是自己一生中非常重要也难以忘却的组成部分。

四、"文革"琐记

从响应参与到反感反思

从 1966 年到 1976 年，我正好是从 30 岁到 40 岁。这个年龄段是任何人一生中最珍贵的黄金年代，然而我这最宝贵的 10 年却是在"文化大革命"中度过。"文革"涉及的问题太复杂，我只是结合"文革"中我亲身经历的人和事，特别是我感触特别深的事情和问题进行回忆。另外，我也会努力梳理个人的心路历程，反思、评论个人的思想认识和心灵感受的变迁与升华。

"文革"爆发时，我正好在宝山罗店公社参加"四清"运动。当时我在团党委工作，因为要向上级汇报，必须要有工作总结，所以，我实际上是在 1966 年 7 月初才回到复旦大学，"缺席"了复旦大学"文革"头一个月的"惊心动魄"。

我参加"文革"身不由主，回校就投入当时已热火朝天的运动中。30 岁的我思想态度比较简单和明确：紧跟毛主席，听从党中央的号召，并以此作为自己的行动准则。毕业以后参加工作，我基本上都是循着这一准则。"文革"伊始，我的思想还是如此。"文革"准备期（即正式爆发的前两年）中共中央在文化教育领域提出的一些观点对我颇有影响。初返复旦的前两个月中，我没有觉得"文革"有什么大问题，感觉这是一如既往的政治运动。

我当时作为一名共产党员,而且当过政治指导员、党小组长、党支委,是复旦大学基层的党员干部,想的是一切要听毛主席的召唤,毛主席要我们干什么,我们就去干什么。我所在的复旦大学资本主义国家经济研究所,是一个独立支部(我们不属于任何一个系,是独立的单元和支部,等同党总支级),我当时是党小组长。与别的单位一样,我们所分为保守派和造反派两派。我最初站队造反派。我觉得应该听毛主席指引,应该对当权派中走资本主义道路的问题予以揭发、批判,在社会上、在学术上也应如此。我当时似乎还比较积极活跃,参加了红卫兵组织的"红革会"(全称是"红卫兵上海市大专院校革命委员会"),这在当时复旦大学教工党员的基层干部中肯定属于少数。我有一定的活动能力,也写了一些大字报,但我从未参与任何激进过火的行动。

复旦大学的"文革"是从"批二周"(即周谷城和周予同两位历史系前辈)开始的。我听过这两位老师的课,对他们很崇敬,我当时不在学校,没有卷入对他们的批判活动。"二周"当时被当作资产阶级学术权威,特别是周谷城被列为中国学界的大权威,周予同更是被揭发其反党、要杀共产党人。我对这两位老师是否为"资产阶级反动学术权威"感到疑惑,我心中对此开始有些不以为然。

随后"学生造反"愈演愈烈。北京的中学生、大学生造反派率先形成并组织活动,很快上海的学生也开始造反。复旦大学内部当时有三大造反派,分别是"红革会"、"红三司"和"东方红公社"。我参加的是"红革会",这一派比较温和。我的年龄比较大,思想行动也都很有分寸,绝不参与校外、市里的造反活动。我的"造反"并非针对当权派,只是对当时学校党委的特别重大看法提出些意见。我的"造反"只是听毛主席号召,觉得应该清算资产阶级、修正主义路线,以便更好地贯彻党和国家的正确路线。我不参加具体的揪斗活动。

突如其来的"斗鬼风"使我对"文革"产生了不理解和反感。顾名思义,"斗鬼风"就是要斗牛鬼蛇神。1966年6月1日,《人民日报》发表中央文革小组组长陈伯达撰写的《横扫一切牛鬼蛇神》。此后一股恐怖的"斗鬼风"迅速从北京吹向上海。复旦大学又是上海高校的中心热点，故复旦大学的"斗鬼风"很严重。8月，一群坚持"老子英雄儿好汉"论调的造反派自北京南下，他们大多是高干子弟。上海学生受北京学生的影响，"斗鬼风"愈演愈烈，行为激进甚至野蛮。单纯写大字报的做法，我还可以接受，但是学生们此时竟然开始动武！

后来得悉，复旦大学的"斗鬼风"实际上是有人暗中操纵下进行的。各高校先要揪出"学术权威"，复旦就把苏步青、谈家桢、谭其骧等数十位知名教授、学者揪出来。造反派在光天化日之下开批斗会，批斗方式从一开始就令人反感。造反派使用"挂牌子"、"打头"、"喷气式"等花样极多的"酷刑"，污辱这些教授、学者。学生们学习毛泽东在《湖南农民运动考察报告》中"斗地主"的行为，并以此对待令人尊敬的老师。我曾亲眼看到：有人把写大字报的墨汁一瓶瓶倾倒在那些"牛鬼蛇神"（所谓的"资产阶级反动学术权威"）的身上，这些批斗对象从头到脚、满脸满身都是墨黑。我也亲眼看到化学系一位姓严的副教务长，被斗得瘫倒后就放在黄鱼车上拉出去，后来我听说他又被关入"牛棚"，其后选择了自杀。

正是这些残酷的、带有侮辱性的行为，令我产生反感抵触情绪。我在内心不禁追问："文革"难道就是要如此这般糟蹋学术权威的人格吗？因此，我刚返回复旦大学时比较活跃的"造反意识"逐渐退淡，内心发生转变。

大串联与"文革"乱象

1966年8月18日，毛泽东主席身穿绿色军装，胳膊上佩戴红卫兵袖章，站在天安门城楼上接见来自全国各地的红卫兵，以此表示支持红卫兵运动。毛主席号召红卫兵串联造反，要带动大家一起来造反。于是，由南下高干子弟带头，红卫兵大串联活动展开了。

我对此前的"斗鬼风"十分不满，想趁着大串连到其他地方看一看，所以，我也参加并组织了串联。参加串联活动的主要是学生，教师一般较少，但是我们研究所里没有学生，我便约了陈建櫆和郑寅两位教师，3个人外出进行串连。那时我年纪最大,已经 30 岁,郑寅大概是二十五六岁,陈建樑只有二十三四岁。我和陈建樑是党员,郑寅是党外积极分子。我们 3 个人都是红卫兵,都参加了"红革会",可谓志同道合。我们的串联比较遵守规矩。

当时全国各地到处设有红卫兵接待站。大串联的红卫兵是"三不要",即乘车不要钱、住宿不要钱、吃饭不要钱。去"大串联"的人身上可以不带一分钱就能走遍全国。我们 3 个人还是带了一些钱,爬上火车的货车厢离开了上海。我们去的第一站是南昌,我们到南昌的景点、纪念馆参观学习。后来我们又坐火车去北京,还在天安门广场上接受了毛主席的检阅。串联活动结束后,我回到上海。此时我越发觉得"文革"越来越走向令我陌生且不适应的方向。"文革"斗争就是揪斗,揪斗范围越来越广泛,揪斗形式越来越暴力。我觉得这般胡作非为实在有些过分。

除了大串连外,大字报铺天盖地,流言四起是"文革"的一大特点。当时各种印制的小报满天飞,连复旦大学都印了很多红卫兵小报。有些小报类似《新民晚报》,由两页构成,但更多的小报像传单大小。这些报纸有的不要钱,有的要一两分钱。我看了很多,觉得这些小报中捕风捉影、无中生有的内容很多,其中很多涉及共产党领导人。加之当时各省的省委书记、省长(市长)都被揪斗,我不禁产生疑惑:怎么在中国共产党中,除了中央"文革"几位主要领导人以外似乎都是坏人、都是"乌龟王八蛋"? 我印象最深的是武汉军区司令陈再道和解放军后勤部长邱会作(后来的林彪集团"四大金刚"之一)两人的大字报,其中极尽丑化之能事。这些描写与我所理解的中国共产党、我所参加的中国共产党形象有很大差距,我听到的、看到的复旦大学领导根本没有那么"坏"。我也揭批过当时复旦大学的第一把手杨西光,而杨西光在"文革"后担任《光明日报》总编辑,他在"真理问题大讨论"、推动思想解放中起到的作用有目共睹。"文革"期间大揭发、大揪斗使我心目中领导人的形象越来越丑陋,连带我党的形象也变得灰暗。

虽然我曾是造反派,但我对"造反"越来越不积极。当然,我必须跟随大家一起游行、学习"最高指示",但是我的内心深处或多或少已存疑惑甚至不适。其后,我仅仅停留在一般表态、随大流,自己则是认真地默默地观察分析形势变化，开展内心思想斗争。

内乱之中被揪斗

上海"一月风暴"后，复旦大学同全国高校一样"停课闹革命"，校内一切正常的教学和工作秩序全部瘫痪。复旦大学的红卫兵运动十分厉害，1967年4月12日红卫兵甚至还曾计划揪斗张春桥，虽然没有成功，但是他们贴出揭发张春桥的大字报。我看到过那份材料，无法辨别真伪。不过，这些红卫兵头头们在随后的种种政治运动中先后被关进监狱。复旦大学这张揭发张春桥的大字报，是全国最早揭露中央"文革"领导人的大字报，日后也被证实材料基本属实。复旦大学红卫兵的派系斗争十分严重，学校被搞得混乱不堪，我默默地退出了红卫兵活动。

1967年，全国的共产党员要重新登记。按照中央部署，"工宣队"和"军宣队"开进复旦校园。派驻复旦大学的"工宣队"是由上海机床厂、上海柴油机厂、7029工厂以及另外几个小工厂的工人组成。进驻我们研究所的"工宣队"，最初是几位国棉七厂的女工，她们的年纪比较大，行事作风还在大家可以接受的范围内。后来有两个上海机床厂的工宣队员被派到我们所，一个是组长陆某某，另一个我只记得姓罗。陆某某年纪相对大一点，是上海机床厂厂校的教师，稍微有点分寸，但也油嘴滑舌。姓罗的那个人对我们训话时，我们坐在椅子上，他则坐在台子上对我们一顿训斥，指手画脚，十分嚣张。当时知识分子对"工宣队"的反感是相当普遍的。

"工宣队"以"清理阶级队伍"为名，专门开展揪斗活动。在高校里所有人都要接受审查，有旧社会经历的老知识分子更是要受到揭发批判，而问题比较复杂、经历比较曲折、有一些疑问的教师会被揪斗。时任我们研究所领导的余开祥，他曾是中共地下党员，一被揪出来就被扣上"叛徒"的帽子，被批判一贯"右倾"、是漏网右派等。余开祥在2017年年初去世。另一位比余开祥年长的孙桂梧，"工宣队"说他有历史问题，也被揪斗。我印象比较深的是郑励志，他出生在中国台湾，18岁被日本人抽壮丁，当过日本兵，在台湾做过公务员,后来由香港辗转来到上海,在复旦大学经济系毕业后留系做了老师。当时郑励志40岁出头,当然也被揪斗,并且还被加上"日本汉奸走狗"、"残渣余党"的罪名。"文革"后他担任了上海市政协副主席、上海市台盟主任委员。郑励志在学术上很有成就,也加入了中国共产党,我很尊敬他。在我印象中,他是一个为人正派、行事认真、讲话很有分寸的人。

当时这种胡乱揪斗的行为层出不穷。我是共产党员,但不屑于参与此类活动。我当时还比较年轻,没有历史问题,一向又紧跟党走,我自认为可以安逸平稳地过日子。没想到不久之后我竟然在劫难逃,遭遇"工宣队"有组织、有预谋的"突然袭击"。

1968年9月的一天,我刚进复旦校门,所里就有人告诉我:"你去看看,有你的大字报!"复旦大学的大字报分为两种:一种是各单位内部贴的大字报;另一种重要的大字报一般贴在校园里那条栽种法国梧桐树的所谓"复旦南京路",那里竖立着一长串大字报栏专门用来贴大字报,揭发校领导或知名教授的大字报就贴在那里。我急忙赶过去,只看见地上用粉刷写着很大的白字:"揪出反革命修正主义分子、反工小丑,反对三面红旗的伍贻康!"我当时一下子就懵了。我这个人从来不惹是生非,活到30多岁,之前总是一帆风顺,不知道究竟是哪里出了问题才遭此劫难?我一一认真细读我的3条罪名。所谓"反对三面红旗",应该是指复旦党委按照指令层层召开内部干部学习会,会上提倡"不抓辫子、不戴帽子、不打棍子"的"三不"原则,我作为学生政治指导员、学生党支部书记,在这种内部学习会上谈了自己对"三面红旗"的认识。我坦率剖析自己对"三面红旗"有一个逐渐认识的过程,从开始不了解情况,到有些不理解,再到后期才逐渐认识。我是党员干部,怎么会在党的干部会上攻击党呢?"工宣队"找出当时党内学习会的会议记录,断章取义地把我前期不认识、不理解的话语"上纲上线",就变成了"反对三面红旗"。所谓"反工小丑",应该是指我背后议论"工宣队"、污蔑"工宣队",不服从"工宣队"的领导,这一条罪名也是歪曲事实得来的。所谓"反革命修正主义分子"更是无稽之谈,意指"只专不红"。过去总有人说我们这些所谓的党内年轻知识分子专攻业务,只专不红,与党不是一条心,大字报更是无中生有、夸大污蔑。我看到所里也贴了不少揭批我的大字报，很显然，这些大字报都是"工宣队"事先策划并组织好让人写贴的。

于是，我被宣布隔离审查。我被揪斗时向审查人员交代我是怎么认识"三面红旗"、怎么认识"工宣队"，坦言自己不够又红又专，还有很多跟不上党组织要求的方面，但是我坚决不承认我反党、走"白专"道路。大概我问题不大，他们没把我关进"牛棚"，而是被关在学生宿舍。因为我的"黑"材料有限，也查不出任何历史和现行"反动"问题，这些情况"工宣队"心知肚明，把我关了两天后就放了我，我可以每天下班回家。

我事后才知道自己被审查的原因。那时我的二哥已经被揪了出来，他是北满钢厂某分厂的厂长，算是一个头头，所以比较早就被揪斗。二哥的单位来调查，让我交代或者揭发二哥的问题。我当然不会也确实没有问题可以揭发，因为在我心目中二哥是进步的，他比我早入党，还是我进步的带路人。"文革"结束以后，二哥告诉我，他当时还是"牛鬼蛇神"，我们单位也去他的工作单位，也要他交代我的问题，甚至还包括我们的父亲是不是老特务。我居住的里弄干部后来也向我透露："你们单位那时候来调查，说你爸爸从香港回来，是个老特务，他们怀疑你是小特务呢！"所以，当时我头上有4顶"帽子"，3顶是公开的，还有一顶没有公开的"帽子"就是"小特务"。

审查期持续了两三个月。我长期都是一个比较听话的党员基层干部，跟党走、按党的要求办事。我的问题大多数都是些莫须有的罪名，"工宣队"没有查出我有任何历史和现实问题，年底他们只好宣布我"解放"了。在全体资本主义国家经济研究所同志在场的情况下，"工宣队"正式宣布对我的审查结束。审查结论是："保留中共党籍，但不宜当干部！"这就是最终结论。这场如同儿戏的所谓审查和所谓审查结论，我是当作笑料的，但不会忘记！

这件事当时对我的打击还是相当大。我的性格并非柔弱，甚至还有自傲、自信的一面，但我感到这种做法实际上摧残了知识分子对党的信任和忠诚。我一向跟着党，真诚地为国家、人民的事业尽力发挥自己的一份力量，结果像我这样的人竟也遭到批斗、污辱。天理何在?!

这件事还让我觉得自己很对不起父亲。我们的出身不可选择。父亲先是在广州,后来也回过上海,在家里待了一段时间,但原来的行商无法继续经营,家里没有收入,只能吃老本儿。1951年后父亲便到了香港,在他的老朋友邢春江开办的永达贸易行管理货仓,一直做到货仓主任。二哥的单位曾说我的父亲是很进步的,他为中国共产党在香港从事进出口工作,说那里是中国共产党的外贸业务据点。实际上这根本不符合事实。永达行老板邢春江是个资本家,不是共产党员,他和我父亲、我三叔是有老交情的同行朋友。永达行正好专门同中旅社和中国外贸公司做生意,成为政府在香港外贸中介中转的贸易据点。父亲在50年代初回过上海两次,他觉得还是在香港工作比较稳定,之后有十多年时间从未回来。父亲一直寄钱回家,生意好就多寄一点,生意差就会少一点。"文革"爆发时父亲已年过60岁,考虑回上海养老。父亲对是否回沪非常谨慎,他在香港也听到很多"文革"的情况,回来时只带一部分衣物,想先观察、了解、体验一下上海生活。我对父亲说:"二哥是党员,我也是党员。"父亲很高兴,说:"你们都是党员,好好干。"父亲同二哥、同我都说,我们两个人能够入党他很开心。父亲不太可能一直孤身待在香港。去香港原本是谋生,父亲年轻时都没有带母亲一起去香港,又怎么会在退休之后单身滞留香港不归呢? 但我一直隐约觉得,父亲正是因为爱护我和二哥,为了免除不好的"海外关系"因素牵连,才在此时终于下定决心回到上海定居。我的亲戚证实了我的猜测。父亲并没有对我们直说,后来得知老人家心态是他无意间和一个亲戚聊起:"他们(二哥和我)是党员,他们有海外关系,终归不利于发展,我还是回来好。我年纪大了,也没钱赚了,可以回来养老。"父亲1968年初先回上海过春节,住了近1个月,又回香港处理事务,之后正式回到上海定居。但是几个月后,在9月我就被批斗。我被审查的事情虽未和父亲具体明说,但他也能看得出来。父亲是个老实本分、胆子很小的老人,想必在心理上受到很大的折磨和打击,对此我深感内疚。

家族中多位亲人在"文革"中遭难,我认为父亲更受刺激,也更加伤心悲痛。

家中遭殃，亲人罹难

"文革"对我家影响很大。10 年中除了我和二哥被揪斗以外，家族中有多位亲人遭灾罹难。

我的二叔伍必雄是我们家的骄傲。他曾做过上海市第一人民医院内科主任、上海市卫生局医院管理科科长(当时上海医院没有现在这么多，他这个科长相当于现在的处长)。二叔的资历深、医术高，后来还兼任上海市血液研究所所长。"文革"期间"清理阶级队伍"时，他就遭揪斗，说他是"国民党的残渣余孽"。其实二叔只是在抗日战争时期做过国民党随军医生，在大后方也为抗日工作。抗战胜利后，他从新疆回到上海，是个很出色的医生。他被揪斗了几个月，最后也没斗出什么名堂，就是被罚打扫厕所。二叔是个很要面子的老知识分子，每天回家尤其是星期天，被罚在所居住的里弄做清扫环卫工作。听说他在弄堂里扫地时，一看到有熟人过来，就常会立刻丢弃扫把，逃回家去。那时二叔在家里也缺少温暖。二叔一共娶过两位夫人，第一位夫人在 1953 年因精神失常跳楼自杀；后一位二婶原本是个老姑娘，性情有些古怪，她是护士长，两人结为连理，并没有孩子。这位二婶一听说二叔是"国民党的残渣余孽"后，常常与他争吵："你怎么欺骗我？你怎么是个国民党？"因政治、家庭多方面的重重压力，二叔内外身心饱受困扰，从办公室三楼跳下自杀身亡。

我的三叔伍必循是一个比较新派的商人。他比父亲有魄力，比较会交际，生意也做得比父亲好。三叔比父亲小 10 岁。那时，他已经从一个工商业小业主逐渐改造成职工，仍在原工厂工作。"文革"期间他也难逃批斗。

叔祖父伍特公有三女一子，儿子名叫伍必熙。伍特公曾做过《申报》的主笔，是著名的老学者、老报人。家里是书香门第，条件比较好。伍必熙受家庭环境影响也喜欢上新闻学，曾在圣约翰大学就读新闻专业。他和他的父亲伍特公一样，外文非常好。1952 年全国高校院系调整后，他被调往复旦大学新闻系做教师，"文革"前已担任新闻系副主任。这位堂叔与我同生肖,比我年长12岁。"文革"以前,我曾经同他被复旦大学党委委派,一同到市委宣传部的"反修小组"工作,交往接触更多了。"文革"时他也被揪出来批斗,大字报就贴在"复旦南京路"。我亲眼看到,在揭发批判伍必熙的大字报上污辱谩骂伍特公,说"伍特公是帝国主义的走狗、爪牙,是法新社、路透社雇佣的洋人奴才",还说"伍必熙是洋奴的儿子"。其实我后来了解,伍必熙遭到批斗还有个原因是他成为红卫兵、造反派的派系斗争牺牲品。他开始参加造反派"红革会",后来又被吸收进入新闻系"革命委员会"。新闻系学生中红卫兵派系斗争严重,他被当权一派结合进系"革命委员会",对立的一派就污蔑他挑斗学生。他的罪名是"挑拨离间"、"支持一派压一派"等。那时,复旦大学正在"清理阶级队伍",运动正值严打阶级异己分子之时,堂叔被关在复旦大学的第八宿舍,他最终选择从四楼跳下自杀身亡。我因为同他有叔侄关系,加上自己也被揪斗,便不敢再同他有直接的接触。其他人告诉我,他在去世前天天被学生揪斗,脸都被红卫兵抽耳光抽得红肿不堪。等我知道他去世的消息时为时已晚。堂叔去世前并没有留下什么只言片语,是堂婶来收的尸。

伍特公最小的女儿的丈夫叫金望辛,他曾在上海机床厂工作。金望辛是50年代的全国劳动模范,是在国产先进技术突破方面有特殊贡献的优秀高级工程师。1959年"大跃进"时,他作为特别优秀的专家被调到军工部门中央"七机部"工作。我不太知晓金望辛在"文革"中被批斗的具体情况,或许是因为同伍特公的家庭关系,或许是他自己的家庭问题,毕竟金家本身就是浙江杭州的名门望族。"文革"期间,他也是被揪斗受残酷迫害而跳楼自杀。

祖父和伍特公的一个妹妹嫁到了上海哈家,她的二儿子哈九锡在"文革"中夫妇双双上吊自杀。哈九锡是我的表叔,他结婚时我做傧相,在他结婚前一晚,我先睡在新房的喜床上为他们"压床"。那时,我同他们家关系密切,长大后两家交往渐渐少了。民国时期,表叔哈九锡在国民党单位做机务员,做过打字、发报等技术工作,中华人民共和国成立后一直在工厂里工作。"文革"一来,他就遭到残酷揪斗,后来夫妻二人双双上吊身亡。这对夫妻去世时还很年轻,他们的女儿尚小。现在他们的晚辈和我家还有往来,逢年过节时会来看我。

在我家上两辈人中，祖父是在1952去世；祖母是在1974年去世，寿终时93岁。祖父去世时，父亲回上海料理丧事，那是他"文革"前最后一次回到上海。父亲和叔父对祖母很孝顺，事先为祖母购置"椁"（回族寿材）。父辈们比较早花钱购买了较好的"椁"，虽非楠木但很厚实，价格较高。在我家"铁庐"楼下比较暗的楼梯下面正好可以摆放"椁"，一直放了十多年。父亲胆子很小，"文革"期间他说"椁"是"四旧"就上交了，负责人把它作为废木头板处理了。父亲保留的一些好字画当时也被清理废弃。在祖母仙逝前一年（1973年），父亲的姐姐也因病离世。

"文革"十年期间，我的家族中有3位直系亲属跳楼、2位上吊，加上两位老人仙逝，总共有7位亲人亡故。对于我们全家，尤其是对刚刚回上海养老的父亲来说，显然是极其伤痛的打击。父亲内心深处所受到的伤害难以想象，我为无法分担父亲的忧愁而痛心和内疚。

我的母亲在1978年突发中风去世，享年73岁。父亲是在1995年离世，享年92岁。

思想觉醒，走向成熟

我在激烈痛苦的思想认知斗争中度过"文革"10年，这10年间我经历了人生的一次重要转折，也经历了思想和人格的重新锻造。

"文革"中的所见所闻、所思所感，以及它对我的家庭和个人的巨大冲击，让我开始重新思考很多理论和现实问题。我从彷徨、失望到反思、愤慨，我开始认真解剖自己，重新认识自己，反思在自己的成长道路中，开始时的盲从、无知是否正确，自己如何从幼稚到开始有所觉醒，再到思考如何才能做好一个真正的人。我也超越自身经历，真正深刻地去认识社会的复杂多变。我激烈地思想斗争，经历了一个漫长而痛苦的过程。

早期我较为积极地随大流闹革命。当时我虽已30岁，但思想相当简单、尚未觉悟，对很多提法几乎没有深思，没有反感，也不敢提出疑问。"斗鬼风"使我开始有反感。种种揭发检举、乱七八糟的材料,使我感到很困惑。"文革"持续发展使我慢慢觉得许多做法有争议、存疑惑,我开始彷徨,感到失去方向,甚至开始怀疑自己过去的信念。我重新思考认识面对的一些问题,感觉当时很多做法和思想行为都太过火了,各种行动、思想、认识有简单化、偏激化、极端化、庸俗化的倾向。从 1966 年后期直到 1968 年,我的思想斗争停留在内心思考斗争阶段。尽管我不敢公开说出,但是我越来越认为每个人应该有自己的独立思考,应该有自己对形势政策的判断。到了 1975 年,我在思想和政治两方面都逐渐走向成熟。我从反感、疑惑和公开不敢表态,到慢慢形成自己的思想或观点,并且敢于将想法付诸实践。1977 年复旦大学召开先进表彰大会,我被评为校级"毛泽东思想积极分子",这是对于我在"文革"后期正确认识和态度的明确肯定。

作为一名党员,作为一个知识分子,我觉得自己应该对马克思、恩格斯和列宁的思想应有全面、正确的学习、认识和理解。在"文革"前我买了些相关书籍。坦白地说,我没认真读过《资本论》,但是《马克思恩格斯选集》和《列宁选集》,我是一篇一篇精读的,其中有几篇还专门做了精读笔记。在通读《列宁选集》时,我还做了眉批笔记。

"文革"使我"失去"人生中最宝贵的黄金时代。今日回首,如果我从 21 岁大学毕业到 40 岁这将近 20 年的时间里,都像后期从事学术研究或者认认真真地踏实工作,我可以做出的成绩可能要比现在大得多。我失去这宝贵的 20 年,令人惋惜,却也得到不少人生感悟。

我亲身经历"文革",通过思想斗争,通过独立思考,通过自我反省,我从单纯幼稚、盲从迷信,逐渐找回自我,开始有所追求,逐步成长为思想、政治和人际关系都比较成熟、有独立人格的人。我慢慢地明白自己应该如何做人,既服从党和组织的领导,也要有自己独立的思考判断、独立的思想认识,而不是盲从。已经步入耄耋之年的我,回首过去,只觉"文革"是我一生中极为重要的一个转折点,至少可谓是人生根本转折的开端。我开始锤炼、拥有并积累自己的"精、气、神"。"文革"10 年,我逐步走向成熟。

五、 开拓探索欧洲一体化研究

学术归宿

一位历史学专业出身的教师,怎么会走上研究欧洲一体化的道路? 回顾自己的成长历程,我想这既缘于时代的召唤,也是因为个人的一次重大抉择。

我是 20 世纪 50 年代成长起来的知识分子,在大学毕业前就成为一名中共党员。我们当时的信念和一切行动的准则,就是服从组织安排调遣,几乎没有什么个人专业的志向、爱好、追求和选择。1957 年我大学毕业,此后的 20 年间,我主要是以参加政治运动、接受改造为主,下乡当过农民,在工厂、港口码头、铁路、商场和街道环卫等处劳动过,还参加了近一年的"反修写作组"工作。

1964 年初,毛泽东主席、周恩来总理指示"要大力加强国际问题调研工作",中共中央下发了《关于加强国际问题研究的决定》,大概是基于中法建交的推动,教育部在全国主要高校陆续建立了一批国际问题相关研究单位,复旦大学被指定负责调研欧洲国家。这是中华人民共和国建国十多年后正式开展研究国际问题的标志性事件。

在此之前,研究国际问题主要就是研究当时与我们关系紧密的苏联,对于欧美资本主义的国情、域情是不怎么调研的。大学里普遍存在对西方欧美问题的了解研究极其欠缺的现象,可以说那时只有我们懂外文的人才看一些外国报刊、写几篇文章。国家逐渐意识到我们这样一个社会主义大国,如果对当代国际问题不给予认真深入的大力调研,是不能在国际上长久立足的,更难以发挥作用和影响力。

当时,复旦大学党委开会商讨,认为我们除了研究欧洲之外,也应加强对美国的调研。虽然中央文件政策定下复旦大学以欧洲的法德研究为主,北京大学以研究亚非拉为主,中国人民大学以研究苏联为主,中山大学是研究东南亚及华侨问题。时任中共复旦大学党委书记的杨西光认为:美国研究也非常重要,在资本主义国家里,美国是"领头羊",在国际社会上也是最强盛的,如果只做欧洲研究却不做美国研究,那是不行的。杨西光是1954年担任中共复旦大学党委书记,后来兼任副校长,1965年任中共上海市委候补书记。1978年,杨西光担任《光明日报》总编辑时,主持修改并发表了《实践是检验真理的唯一标准》特约评论员文章,从而引发全国范围内的真理标准大讨论。可见杨西光书记看待问题、分析问题独具慧眼,常常能够一针见血。我们在基层工作的教师也认为,欧美国家是西方一个矛盾"统一体",尽管内部有差别、有矛盾,但是欧美研究应该联在一起调研更好。

经报批,复旦大学决定新建以欧美为研究对象的复旦大学资本主义国家经济研究所。自1964年2月起,我就被指定调出历史系,转到资本主义国家经济研究所正式编制,被编入欧洲组,另外还有一个美英组。我服从组织安排,更是听从时代的召唤。这是我人生道路的重大转折,也影响了我一生的发展变化。

当然,我之前在历史系就是从事世界近现代史教学,对欧美国家的近现代问题有基本的了解,有一定的专业基础。当时国内学术界和高等院校对国际问题几乎没有专门特定研究,更没有相关的专业机构设置。我到复旦大学资本主义国家经济研究所报到,被分配在欧洲组工作。欧洲组实际上是以研究法国、德国为主,美英组则是以研究美国、英国为主。我们这批"拓荒者"确定了研究方向为世界经济理论及经济发展的现状和趋势,重点是欧美经济。

资本主义国家经济研究所实际上对政治社会问题也做些调查和研究。所里的组成人员分别来自复旦大学校内经济系、政治系、外文系、历史系、新闻系5个系，共28个人。与此同时，复旦大学在相关学科也作了调整：经济系开始设有世界经济方向的教学科研，政治系也开始设有国际政治方向的教学科研，这两个系内部主要还是以教学为主，注重培养学生。除了我被从历史系调来以外，在1964年9月又调来6个历史系应届毕业生。从1964年到1965年这两年时间不断调进人员，资本主义国家经济研究所从28个人壮大成为共有40多人的队伍。在"文革"前，复旦大学资本主义国家经济研究所已经达到近50个人的规模，在人员配备方面是全国领先的。

我从1957年大学毕业，4年副博士研究生有近一年半的时间是在农村劳动锻炼，然后经历"四清"运动和"文革"，一直到1976年"文革"结束。在大学毕业后将近20年里，我只有大约三分之一不到的时间在做业务工作，其他时间都是在忙于政治运动，或是去农村、工厂等劳动。从1964年复旦大学资本主义国家经济研究所建所，直到"文革"结束，近12年里能静下心从事学术专业、业务工作的时间，拼凑在一起至多也只有4年。"文革"结束后，我已步入中年。对学术研究的渴望和向往干一番事业的热切心情，使我像"换了个人"。命运的车轮开始旋转，我从历史专业转换到国际问题专业，找到自己人生的学术归宿。

起步操练

从事国际问题专业，我在外语学习方面经历了一番曲折过程。

我是在抗日沦陷时期上的小学，但并未学习过日语。抗战结束后，从初中起我开始学习英语，但学习的内容和方法都比较粗简。高中我在震旦大学附属中学就读，这是原上海法租界的一所法国教会学校，有很多同学是学习法语的，但也有像我这样之前初中是学英语的，所以，同学之间当时形成了法语、英语混杂选读的情况。1953年我高中毕业，考入复旦大学。当时，全中国的大学全部要求学习俄语,所以,在整个大学 4 年期间,我循序渐进地学习俄语。后来到研究生期间,我也是以学用俄语资料为主。除此之外,我还参加上海市委反苏修写作组,阅读并翻译俄语资料,我作副博士研究生的毕业论文也主要是基于俄语资料为主进行研究。随着中苏关系的恶化,中国高校开始鼓励学英语,我的"副博士研究生"头衔也被取消,变为四年制研究生。当时大学虽然还有不少俄语教师,学生仍然可以选修俄语,但是学校更加鼓励大家学习英语、淡化俄语教学。

20 世纪 60 年代我已成为一名教师,在欧洲组主要研究德国问题。当时欧洲组研究法国问题的几个人学习法语,其中两人还到上海外国语学院法语系脱产学习两年。因为领导还分派给我一些其他工作,我实在无法脱身,因此并未专门脱产学习外语,只能一边工作,一边自学英语和德语。在资本主义国家经济研究所建立之初,也就是 1964 年 2 月,研究人员里没有一个人会德语。我被分配研究法德问题,起初只能用英语和俄语来看一些关于德国的资料。到了 9 月,有一个德语系的毕业生分配到所里,于是就请他来负责教组里几个年纪比他大的教师学习德语。所以,我除了日语没学习过,俄语、英语、德语这 3 门语言都曾学习过,但都学而不精。主要是因为工作期间一直有"双肩挑"任务,不仅作为业务骨干任务繁重,还要兼顾政治性社会工作,没有专门用心学习语言。另外,我可能天生在语言表达方面就不太好,只会阅读翻译而不擅长会话。当时我只会看一点德语文献,俄语、英语相对来说运用稍好一些。后来俄语书报日益减少,我慢慢就不看了,工作中都是以阅读翻译英语文献为主。

在冷战时期,我们社会主义国家即使是研究国际问题的学者,能够接触到的外文资料也很少。由于外汇紧缺,复旦大学图书馆新购外文书刊少得可怜,报刊又大都不对外公开,资料十分匮乏。为了满足研究工作阅读外文文献和报刊的需要,复旦大学从 1964 年开始专门拨款,批了一笔外汇,用于购买外文书籍、订阅世界报刊。在当时美元很有限的情况下,能够专门拨款用于进行外国问题的调查研究,这种科研条件不要说是在复旦大学,就是扩展至全国范围也是得天独厚的。我们利用这些新购置的资料做国际问题研究,此外还经常到上海图书馆、北京图书馆(今国家图书馆)查阅大量的外文书籍、报刊。我在那几年时间一心一意做专业工作,整天泡在图书馆和资料室,踏踏实实,埋头苦干,大量阅读中外书籍报刊,选择合适课题,摘抄卡片资料,写作内部报告,翻译书刊文章,做了许多现在称为"智库"的工作。即使是在这种学术工作并不稳定的时期,我们都极其努力地工作。当时实行坐班制,晚上大家却常常自觉加班,很少有真正的休假日。

资本主义国家经济研究所确定的第一个集体大项目就是"美国农业"。中国农业发展水平大大落后于世界先进国家,而欧洲农业发展水平原本也不高,是在欧洲一体化以后的20世纪六七十年代才快速发展起来的,当时美国农业是世界上最发达、产量最高、出口最多的国家。尽管我是主要研究欧洲的,但是也参加了"美国农业"课题组,负责"美国农业反危机"部分的调研写作任务。这个项目是所里集中力量抓的最为重要的集体项目,在几位老专家带领下,我们在半年多时间里就拿出一本厚厚的《美国农业》调查报告。

资本主义国家经济研究所是校党委直接领导,第一任所长是复旦大学党委第一副书记、常务副校长陈传纲(1912—1966)。陈先生是延安时期的知识分子干部,听说被列入党内"老右",但有真才实学。他后来于1966年2月调上海市政府任市高等教育局局长。令人悲痛的是,1966年6月他被宣布为"反革命修正主义分子",揪出后多次被批斗,不久服大量安眠药自杀。在我的印象中,陈传纲先生平易近人,令人敬重,很有学识。有一次我写了一篇内参文章,他两次打电话叫我到他家里。他当面指导我修改,并对我说:"我替你这样改改,你再看一看,你再考虑一下,定稿以后发表。"作为老干部、校领导兼职的所长,他每天事务繁忙,却还能认真仔细地审阅我们这些普通科研人员的文稿,并具体指点修订。这种品行作风,我亲身受教,深得教益,终身难忘。

资本主义国家经济研究所在欧美领域的工作成果在当时处于国内领先地位,为打开中国国门、了解真实复杂世界(外国的国情、舆情、世情)做了实事,颇具成效。尤其感到欣慰的是,在"文革"后期,研究所仍能服务中央决策,为了解欧美政治经济基本情况和形势动态、促进中国外交战略转变方面提供信息背景资料。例如,就德国与亚非拉关系而言,我编写的《西德开发服务队》算是国内比较早的研究资料。此外,我还撰写过《欧洲经济共同体与苏联关系大事记》和《美苏争霸欧洲》等内部资料。

当时复旦大学资本主义国家经济研究所有一定的"通天"优势,有些任务是"罗思鼎"交办要求的。何为"罗思鼎"?"文革"期间有两个广为人知的"文革""御用"写作班子:一个是北大清华写作组,化名"梁效";另外一个是上海市委写作组,常用化名"罗思鼎"。之所以取名"罗思鼎",是谐音"螺丝钉",取义于雷锋的名言"做一颗永不生锈的螺丝钉"。"罗思鼎"成员多来自复旦大学,主要是历史系教师。在那个年代,"梁效"、"罗思鼎"们的大块文章经常被刊登在"两报一刊"(指《人民日报》、《解放军报》和《红旗》),到处被转载、印发和学习。当时复旦大学历史系、资本主义国家经济研究所、中文系等单位不时会收到由"罗思鼎"转达的中央派发任务。

从大学毕业到"文革"结束这20年里,我发表文章、报告十多篇,参与或负责编写翻译著作七八本,这在当时中国学术界并不多见,影响还是很大的。编写的大部分资料都是内部资料,但是也有些公开出版了。在"文革"的中后期,中美关系、中国与欧洲各国的关系已经松动好转,相关著作就能比较方便地出版。1975年11月,我负责组织撰写的《战后西德经济》由上海人民出版社出版,这是西欧经济系列丛书中的一部。我还组织撰写出版《德意志联邦共和国政府机构》等编译书籍。应该说我在"文革"中后期和"文革"结束后初期,得到了基本的学术训练,也取得了不少成果。除了内部报告以外,我能写的、表达的、公开发表的成果都有。在这段工作期间,我也有一个遗憾。1965年5月,应商务印书馆约稿,我历经年余完成了"历史小丛书"系列中《希特勒》一书初稿,但因"文革"爆发导致这本书的出版中断。我投入很多精力来查找资料、认真写作,却不了了之,这本书稿也无下文、无处寻踪,实在是件憾事!

在资本主义国家经济研究所的首任所长陈传纲先生之后,研究所的实际负责人一直是欧洲组的组长余开祥。1978年年底,资本主义国家经济研究所改称"世界经济研究所",余开祥被正式任命为所长。余老师是老革命、地下党,做学问、为人处事都非常好。他一点都没有故作威严的所谓"领导架子",也从来不摆老革命资格,对年轻人全力扶持和托举。余老师在工作方面给我的印象,可以总结为3个"实"和"开",就是工作务实、踏实、扎实,思想开明、开放、开拓。没有余老师对我们这些小辈的扶持,就没有我后来在欧洲一体化研究方面的成就,更没有复旦大学在全国欧洲一体化研究中脱颖而出的领先地位。

⊙ 1993 年 10 月,与程极明(左一)、余开祥(左二)的合影

在所里的同事中,我印象比较深的是郑励志教授。郑励志 1961 年毕业于复旦大学经济系,是我们建所之初的 28 个成员之一。他从小学起学习日语,日语非常好。"文革"结束以后他写了《日本经济高速增长的历史背景》一文,因为我们之前从来不讲资本主义是高速发展的,这篇文章在发表后引起全国轰动。从 1980 年至 1981 年,郑励志在日本东京大学社会科学研究所做访问学者,后来先后担任复旦大学世界经济研究所所长、上海市台盟主委、上海市政协副主席。他担任世界经济研究所所长时,我是副所长,与他经常交流经济专业方面的问题。其后我也写了《西德经济发展的速度及其

主要因素》一文,对当时中国能够较为正确地了解和对待资本主义的欧洲起到一定作用。

以上点滴情况,就是我从事欧洲一体化调研工作的基本背景。

选择"欧洲一体化"研究

1971年中国需要进一步了解欧美等发达资本主义国家的情况,复旦大学资本主义国家经济研究所得到重新加强开展对欧美多国调研的指令,校"军宣队"和"工宣队"特许我们逐步恢复专业学术工作。

我除了撰写一些短小的调研报告之外,在1972年参与写作《西欧共同市场》一书,这是学习领会毛泽东"中间地带"论断指导下的集体学术产物,我们开始对西欧联合逐步走向建立欧洲共同体比较深入而具体地分析调研、整理总结。这本总字数为17.3万字的《西欧共同市场》,是我国第一本较为全面介绍西欧经济政治联合创建欧洲经济共同体的图书,也是我个人欧洲一体化研究入门的成果之一。

我在复旦大学资本主义国家经济研究所欧洲组(后来的德国组)陆陆续续还调研过一些问题,进一步了解当代欧洲经济政治社会发展态势,以及我后来选择"欧洲一体化"作为主攻研究方向,主要还是基于以下4点原因。

第一,毛泽东在会见赞比亚总统卡翁达时,提出了关于"三个世界"划分的理论,他把美苏两个超级大国划为第一世界,欧洲和日本、加拿大作为中间地带划入第二世界,广大的亚非拉国家称为第三世界。这样,就把西欧从资本主义阵营里"拉"出来,将其作为第二世界力量,并且成为我们可以争取统战的一种力量。从当时反对帝国主义,特别是反对美苏两霸来说,这是毛泽东对于当时世界格局力量分化和我国战略思考的一个创新观点,在全世界影响很大,给我的启发也很大。我决心要把西欧这个第二世界深入研究,抓住关键所在。

第二,从历史的眼光来看,欧洲已经开始联合起来,因此,我当时极力主张要写《西欧共同市场》,并且实际参与其中,写了这本书的主要部分。"联合反霸"的提法也是在这本书里提出来的。面对当时的"资本帝国主义"美国和"社会帝国主义"苏联，我们可以争取的西欧国家则很分散、很弱小，所以，它们一定要联合起来。我们写了关税同盟和经济一体化、共同市场问题，而且写了它们之间某些主权的转让和区域合作协调问题。虽然这本书试图从马克思主义角度来写，书中论述已经和斯大林的垄断资本主义、两个市场等论调有所不同。列宁的帝国主义论很重要的一个观点，就是"帝国主义欧洲是绝对不能联合起来的，联合起来要么是反动的，要么是最后必然破产的"，然而我参与写作的这本《西欧共同市场》已经突破列宁的论断。欧洲已经开始联合，从不可能已变为可能，从1952年开始直到1972年已经走过20年，《西欧共同市场》一书涵盖西德、法国、意大利、荷兰、比利时、卢森堡6个创始国，后又加入英国、丹麦、爱尔兰，当时已经有9个国家。这本书尝试把这九国综合写作，把论点和数据结合起来论证，这也是中国调研西欧一体化最初的尝试。

第三，世界局势和国际格局大动荡、大分化、大改组的三大发展，为国际问题的研究开辟广阔而深远的光明前景。我认识到欧洲联合和欧洲共同体的创建这一新生事物是符合历史发展和时代潮流的，判断欧洲共同体绝对不是一个短暂的、临时的现象，它必将演变成为一个很有生命力、政治活力和强大国际影响力的国家联盟组织，非常值得我们加大力量去探索研究。所以，我充分利用当时有限的学术资源，组织几位同事开始编写欧洲一体化方面的资料。1975年5月，中国与欧洲经济共同体建立正式外交关系，更加鼓舞我加紧学习和调研，我充分认识到欧洲一体化的持续发展和壮大将会对欧洲未来的政治经济和对外关系(包括中欧关系在内)起到越来越重要的作用。

最后，我选择欧洲一体化作为研究方向是源于内心的思考和激情。"文革"结束以后，特别是1977年恢复高考，对我们这些知识分子产生巨大鼓舞，复旦大学也开始重新正式招生。整个中国将会面临翻天覆地的变革创新，虽然当时还没有明确提出改革开放，但我感觉到中国的整个政治经济和学术形势必然会有史无前例的重大发展，我应该利用自己历史专业学习的知识积累、思维方式和做学问的优势，更好地把自己的学识和能力贡献于社会,贡献于人民。我国改革开放的酝酿起步,增强了我学习和研究的动力。学术研究被长期压抑的"饥渴"和热情被大大激发,大好的时代变革形势的召唤,以及我们业务工作大干快上的客观环境,都激励我、鼓舞我在专业学术方面抓紧难得的机遇好好干,这使我增强自己能够做出一番事业的信心和决心。

我认真思考、剖析自身的专业基础和业务能力,思量客观形势发展的需求与自身专业业务能力的实际,寻求着二者最佳的结合点。经过慎重考虑,我认为将欧洲一体化作为自己今后的研究方向和研究重点是比较合适的。当时,欧洲一体化在我国学术圈中几乎是空白,也更有可能干出一番事业、干出一点名堂。这是我人生事业道路前所未有的一次思考判断,是我主动做出的全面综合并经过慎重权衡的重大选择。

我认为我们研究欧洲不能主要局限于单一欧洲国家,而应该把欧洲作为一个整体,研究战后欧洲走向联合这个至关重要的命题,应该研究欧洲持续发展并不断扩大的联合进程,以及其组织建构和发展趋势,应该将欧洲共同体作为一个独立研究对象开展研究。我很快就约请余开祥所长,汇报分享了我的所思所想,并提出本所欧洲研究工作的建议。

以上就是我的专业研究方向从世界近现代史教学转向研究欧洲现状,又从研究国别转向研究欧洲一体化,从基本上按领导要求调研写材料转到主动建议加强专门研究欧洲共同体和欧洲联合的心路历程。

"文革"结束后几年出现访学、进修的"出国潮"。我当时考虑,如果我把精力花在准备出国留学,回国以后不一定能够继续研究欧洲共同体,而我的综合分析能力、思维判断能力,以及看待一些问题具有较为开阔、开拓的视野,在当时研究所里同仁中算是比较突出的。我觉得自己的写作能力、把握问题要害的能力还可以进一步得到发挥。此外,研究欧洲一体化道路,对中国日后的改革开放、市场经济的探索和提高国家发展的治理水平以及加强发展中欧关系等有重要借鉴作用,事不宜迟。举例来说,我当时在70年代就注意跨国协调的问题,如果能够给我一个研究平台专攻欧洲国家间协调和一体化问题,我就试图在这个平台上闯出一番事业,于是我决定把出国进修访问搁一搁。我认为欧洲一体化研究不仅对我个人成长有利，对国家更为有用。基于这样的考虑，我毅然放弃了申请出国进修的发展路径。

总而言之，主客观多种因素综合作用，促成我当时敢于走向欧洲一体化研究领域。组织的调令、时代的安排是基础条件；欧洲形势发展的复杂性、独特性，中欧建交对我的激励、召唤，都为我这一关键选择创造了现实条件；个人专业基础、能力、水平、比较优势、爱好，也鼓励我作出了勇敢的抉择。当然，党和国家改革开放大业启动的大好形势，更是鼓舞和激励着我们。最后，余开祥所长的积极支持，也使我的个人选择得以最终实践成功。我想在研究欧洲一体化事业中做一个开拓者、探索者，这样一种使命感给我巨大的勇气，让我能够在中国改革开放启动之际开始实践。这是我个人学术道路的一个关键选择，也是我人生的一次重大转折。这一选择对我的一生发展产生很大影响。这得益于大环境的变革和我个性较为敏锐、敢闯的精神力量，是我人生走向成熟的一次重要尝试，也是我个人学术上逐渐走向成熟的一次重要表现。必须指出和强调的是，这不仅仅是一个重要的想法或一种思想的判断，我后来在很多年里真正做到知行合一、付诸行动、持之以恒，这一选择在我的人生学术发展轨迹上始终指导着我的行动。我放弃了多次可以争取的出国进修、长期出访机会，放弃了自己许多休闲娱乐时间和个人兴趣爱好，成为一个"工作狂"，一心扑在学术上，完成了我有志于在欧洲研究方面干一番事业的心愿和追求。

这里讲一个小故事。我在为《战后世界历史长编》撰写篇目时，也在和同事史文清、毛振琥一起写作一篇《美苏争霸和柏林墙事件》长文，这篇文章有 6 万字、150 多个注释，在当时很有学术分量。文章应邀约发表在《甘肃师大学报》1978 年第 1 期，内容反映了德国人由东向西大逃亡的情景和"柏林墙"建造的问题。不料这篇文章在当时竟然引起外交"小风波"，德意志民主共和国大使馆向国家教委提出外交抗议，抗议中国大学的学报诬蔑东德、挖社会主义墙脚等，说"这实际上是造谣生事，无中生有，自贬社会主义国家"。事后我们得知，国家教委经调查后答复：此文章"资料均有明确来源出处，反映客观事态，无错误可言"。这件事从一个侧面反映出学术与政治密切关联,不得马虎随意,也证明了当时我们写作认真负责,资料严谨周全,工作扎实正派,有理有据,踏踏实实,实事求是。

40年奋斗开花结果

多年的历史学专业训练,使我具有宏观开阔的历史视野,养成分析判断问题的良好习惯,拥有探索研究的思维能力,能够进行综合比较分析,善于关联统筹思考问题。因此,在决定选择欧洲一体化研究之后,我将它视作自己的一项事业,而非个人单纯的一项研究工作,我长期坚持直至我的研究"开花结果"。

当然,我并不是单枪匹马在书斋勤奋笔耕,而是在所领导的鼓励和支持下,一步一个脚印地向前迈进。我们自办刊物,建立研究室和资料室,走出校外,面向全国,建立学术研究交流的平台,甚至与欧洲共同体委员会相关部门建立学术资料联系,逐步把这项事业做大、做强。在"文革"结束后的十几年里,我主要做了以下几件事。

1977年7月,我决定编辑出版《欧洲共同体资料》。开始时这本内部刊物只是油印、不定期出版,介绍欧洲共同体的情况动态;到后来铅字排版,每年6期,更名为《欧洲一体化研究》,1987年起正式出版,随同复旦大学经济学院主办的《世界经济文汇》在全国范围赠发。这本期刊坚持办了30年,是全国专业领域独一无二的。我一直担任《欧洲一体化研究》的主编,很多学者和驻外人员碰到我时都赞不绝口:"你们出版的书刊对我们了解欧洲共同体很有帮助。"

1977年11月,我随几位资深教授一起参加全国世界经济学界北京高层座谈会,这使我深受鼓舞,视野得到拓展,思想得到提高。这次会议是中华人民共和国成立以来世界经济学界第一次相当规模、高规格的学科规划咨询研讨会,也是"文革"结束后中国社会科学院和全国重要高校国际问题学科和组织机构将要进行重新部署的重要准备工作的一部分。我被安排在会议秘书组,担任会议简报撰写工作,这让我深受教益。

◎ 1977 年 11 月，在北京天安门广场

　　1978 年初，我向余开祥所长建议，不能单做西欧国别研究，要重视西欧联合和一体化的发展，要重视西欧综合性、整体性合作协调的调研。我主动请缨，申请单独专列组建欧洲共同体研究室，得到余开祥所长的支持和赞赏。当时大气候、大环境协调配合，1978 年 10 月，国家教委正式批复："改复旦大学'资本主义国家经济研究所'为'世界经济研究所'，研究范围进一

◎ 1994 年 3 月 25 日，在复旦大学世界经济研究所 30 周年庆典与杨福家校长的合影

◉ 1981年,与复旦大学欧洲研究中心成员在一起;左起分别为蒋三铭、周建平、我和戴炳然

◉ 1981年摄于复旦大学新建的欧洲资料中心

步扩大，新辟苏联、日本、国际关系等研究领域。"所领导决定成立欧洲共同体研究室，我被任命为室主任，负责筹建业务。

欧洲共同体研究室成立后，我首先做的就是"招兵买马"。余开祥所长给我的编制名额是4人，我邀请周建平、蒋三铭、戴炳然3位同事加盟。为了备足"粮草"，我们多方调研，主动与欧洲共同体委员会联系，申请寄发资料书刊。1980年12月，欧洲共同体委员会正式批准在复旦大学建立欧洲资料中心，这是欧洲共同体在中国建立的第一个资料中心。随后，他们每年免费寄送大量的欧洲资料到复旦，根据需要，我又请来胡荣花专门负责管理资料中心。一直到1988年我离开复旦大学时，欧洲共同体研究室总共就我们5人。我们分工负责，各司其职，共同"打"下一片新天地，闯出一番新业绩。

欧洲共同体研究室建立以后，我首抓的集体项目即为著书和译书。欧洲共同体研究室的集体重点项目《欧洲经济共同体》一书，于1983年3月由上海人民出版社正式出版。这是我国第一本有关欧洲共同体的学术专著，出版后获得学术界好评，1986年9月被评为上海市(1979—1985年)哲学社会科学优秀著作奖。1986年欧洲共同体研究室翻译英国学者A·M·阿格拉的《欧洲共同体经济学》，它是我国第一本欧洲经济一体化理论的译著。1988年是欧洲经济共同体建立30周年，为了体现中国学者相关学术成果，我和戴炳然以中国欧共体研究会的名义，主编出版了《理论、现实与前景——欧洲经济共同体三十年》学术论文集，并请欧共体委员会主席德洛尔写了序言。欧共体委员会秘书长诺埃尔等亲自赐稿，该论文集全方位、多角度展示了中国学者研究欧洲一体化的重要成果。

为了扩大学术影响力，加强对内对外联系，搭建学术研究、交流的平台，我们几个人除了写书、翻译之外，还从国内和国际两方面双管齐下，立志要把欧洲共同体研究室工作尽快做大、做强。

在国内方面，我得到余开祥所长的支持，1978年11月底，也就是欧洲共同体研究室建立1个月后，以复旦大学世界经济研究所为发起单位，联络全国从事西欧教学和研究的学者，筹组建立"全国西欧经济研究会"。成立大会在上海召开,除了复旦大学和华东师范大学以外,还有四川大学、武汉大学、南开大学、山东大学、厦门大学、南京大学等来自全国高校和科研机构的 40 多人参加了会议。北京来参会的代表除了来自高校以外,还有外交部、商务部、中国国际问题研究所等相关研究单位代表。在会上我作了题为"试论西欧联合及其趋势"的学术报告。会议推选余开祥教授为会长,我被推举担任研究会秘书长。1978 年 12 月,《上海社联通讯》特辟专辑报道了全国西欧经济研究会成立大会,并刊载了《试论西欧联合及其趋势》一文。

全国西欧经济研究会成立之后,我们就开始计划在厦门召开第一次学术研讨会。1979 年 9 月,由我负责筹备的"全国西欧经济研究会首届学术年会"在福建省厦门市正式召开。我国杰出的外交家、著名国际问题专家、刚卸任归国的中国首任驻欧洲共同体特命全权大使、新任中国社会科学院副院长宦乡应邀到会并作报告。来自全国各高校、科研机构和政府业务部门 80 多个单位的 130 名代表出席会议,共提交论文和资料 83 篇,会后编辑成《西欧经济论文选》由福建人民出版社出版。会议强调,西欧研究要加强综合性跨学科研究,要为中央提供咨询和建议,建立全国的研究交流网络,得到中央有关领导同志的支持和学术界的认可。在上海和厦门的两次全国会议后,中国欧洲研究的学术活动平台就建立起来了。

"全国西欧经济研究会第二届学术年会"于 1983 年 8 月在黑龙江省哈尔滨市举行,来自全国的有关高等院校、科研机构和政府业务部门 60 多个单位的 100 多名代表参加。中国社会科学院世界经济研究所所长钱俊瑞、西欧研究所所长徐达琛到会并做了报告。这次年会正式决定将全国西欧经济研究会更名为"中国西欧学会",并制定了学会章程、选举产生了理事会。宦乡任学会名誉会长,钱俊瑞、徐达深、施谷、罗元铮、王烈旺担任顾问,余开祥当选学会会长,李琮、林克当选副会长,我继续担任学会秘书长。这届年会共收到论文、资料 50 余篇。与会代表就西欧经济和政治形势及发展趋势,针对西欧主要国家的经济政策,以及如何进一步扩大我国同西欧的经济贸易和金融关系展开热烈讨论,提出一些很有见地的看法和建议。

1984 年 11 月 30 日,中国欧洲共同体研究会正式成立,1993 年更名为

"中国欧洲联盟研究会"，规范地列入全国性学术团体。国务院国际问题研究中心总干事宦乡担任名誉会长，余开祥担任会长，我担任副会长兼秘书长。该研究会挂靠在复旦大学世界经济研究所。与此同时，按有关规定，中国西欧学会的会长和秘书长职务移交给中国社会科学院欧洲所的领导同志担任。

通过上述一系列活动，欧洲共同体研究室的学术格局逐渐做大了。在此期间，我有机会不时向中国社科院相关领导同志汇报一些欧洲动态，特别是欧洲学术界政治活动的情况。跟踪调研，翻译、写作论文和内参，在政府实务部门做介绍和报告，我的个人业务能力不断得到加强，也使我对欧洲问题的观察研究更加客观、科学、准确。我的个人研究重点主要放在西欧联合和欧洲共同体的性质、超国家特征、体制机制、各项一体化政策和制度的新突破上，注重研究欧洲经济跨国协调的运作机制、欧洲一体化的现实作用和历史地位等方面。众多个人和集体学术成果，使复旦大学在全国欧洲问题研究领域处于突出地位，为把复旦大学建成享誉全国的欧洲一体化研究教学基地做出了贡献，并进一步辐射到全国。

◉ 1983 年 8 月，在上海电视台学术座谈会上

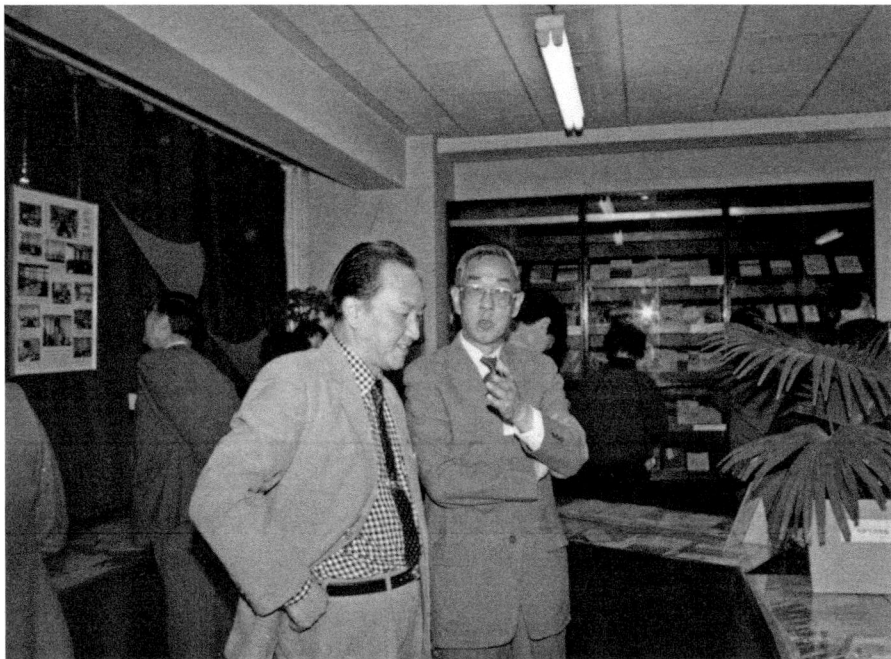

◎ 1991 年 5 月,在中国社会科学院欧洲研究所 10 周年庆典与陈乐民所长合影

在扩大国际联络方面,复旦大学欧洲共同体研究室积极加强与欧共体委员会相关部门的学术联系。当时我们研究室外文最好的是戴炳然。戴炳然毕业于中国人民解放军外语学院英语系,此后他担任过复旦大学欧洲问题研究中心主任、北欧研究中心副主任、世界经济研究所副所长。当时我提出想法,戴炳然执笔,连发多封信向欧洲共同体委员会介绍我国和复旦大学开展欧洲研究的情况,陆续争取到不少资助。复旦大学欧洲共同体研究室与欧洲共同体委员会第一总司建立紧密联系,他们得悉中国的欧洲共同体研究资料不足,就设法把他们能够找到的 1980 年前的欧洲共同体官方出版的所有资料全部补送给我们,所有官方的公报、杂志、宣传刊物全部免费寄送。欧洲共同体官方出版物有五六十种,这使得复旦大学不仅成为中国建立欧洲资料中心的首所高校,也成为当时中国最大、最全的欧洲资料库。当时欧洲共同体委员会几乎每天都会寄一大包资料给复旦大学,这极大地增加了我们的工作量。胡荣花在 1978 年底从复旦大学法语专业毕业,就来研

⊙ 1985 年 4 月，访问欧共体总部，会见欧共体委员会新闻总司司长福罗施梅、大学新闻处负责人拉斯特诺斯夫人

⊙ 1985 年 4 月至 5 月访问欧共体总部，摄于比利时布鲁塞尔大广场

⊙ 1985 年 5 月 2 日，会见布鲁日欧洲学院院长

⊙ 1996 年，复旦大学欧洲研究课程班开学典礼

究室工作，专门负责欧洲资料管理。她后来曾去比利时布鲁塞尔欧盟委员会总部作访问学者 1 年时间，其后担任复旦大学欧洲问题研究中心副主任、中国欧洲学会理事、中国欧洲联盟研究会副秘书长。

1985 年 4 月至 5 月，我应邀访问欧洲共同体总部，受委员会副秘书长特洛亚接见并与欧洲共同体负责学术团体联络的拉斯特诺斯夫人、第一总司司长等多位官员，以及相关机构的负责人和专家学者会见，并磋商进一步合作资助工作。欧洲共同体委员会决定每年接受研究会推荐的青年教师、博硕士研究生参加欧洲共同体人员培训；每年给予研究会一定数额的资金资助，用以推动项目课题研究、翻译和出版，组织国内学术研讨会和参加国际学术活动交流，并继续支持中国有条件的高校建立欧洲资料中心，免费寄送欧洲共同体官方出版物，等等。

通过我们的推介，欧洲共同体先后决定资助四川大学、武汉大学、山东大学、南开大学和中国社会科学院欧洲研究所 5 个单位建立欧洲资料中心，加上之前的复旦大学，这样中国共拥有 6 个欧洲资料中心，这在亚洲是领先的。同时，又给予教师和博硕士研究生每年 10 名的培训名额和所需费用，名额由中国驻欧洲共同体使团的教育参事负责分配。所以，复旦大学此后每年可以推荐人员去往欧洲培训半年。中国的欧洲一体化研究得到了欧洲共同体官方财政在培训和资料方面的资助，形成可持续的制度性支持，如此一来，我国各高校的欧洲研究教研队伍快速发展起来。

酝酿已久后，我负责筹组的"中国欧洲共同体研究会首届国际学术研讨会"，于 1986 年 4 月在复旦大学召开，50 余名中外学者出席了此次会议。欧洲共同体委员会秘书长诺埃尔、委员会大学新闻联络负责人拉斯特诺斯夫人应邀专程来华参加这次会议。诺埃尔是开创欧洲一体化的泰斗级人物，他曾任被尊称为"欧洲之父"让·莫内的秘书，参与欧共体创建工作，自 1958 年起即担任欧洲经济共同体秘书长。这次会后，我和戴炳然陪同他们两位到西安参观兵马俑，然后到北京与外交部、国家教委负责人姬鹏飞、黄辛白会见，为我国与欧洲共同体在教育科研方面进一步加强合作，起到了推进和扩大的积极作用。

⊙ 1986年，中国欧洲共同体研究会第一届年会留影；左起分别为蒋三铭、周建平、洪文达、拉斯特诺斯夫人、诺埃尔、余开祥、我、胡荣花和戴炳然

⊙ 1986年，欧共体委员会秘书长、欧共体委员会大学新闻处负责人访问复旦大学欧洲资料中心；左二为郑励志所长，左三为资料中心负责人胡荣花

◎ 1986年4月，陪同欧共体委员会秘书长诺埃尔拜访外交部、国家教委；4月22日陪同游
览故宫，中为拉斯特诺斯夫人

◎ 1991年9月，欧共体驻华大使杜侠多访问复旦大学

　　"中国欧洲共同体研究会第二届国际学术研讨会"于 1988 年 10 月在四川大学召开,诺埃尔已转任名誉秘书长,仍和拉斯特诺斯夫人专程到会。"中国欧洲共同体研究会第三届国际学术研讨会"于 1991 年 10 月在武汉召开,时任欧洲大学研究生院的诺埃尔院长和欧洲共同体委员会代表拉斯特诺斯夫人再次专程到会祝贺。1993 年 5 月,"中国欧洲共同体研究会第四届国际学术研讨会"在北京召开,会上"中国欧洲共同体研究会"正式更名为"中国欧盟研究会",我被推举为会长。

　　此后,中国欧盟研究会国际学术研讨会按期每两年召开一次,持续至今已有 13 次,先后在天津、南京、济南、广州、南昌、桂林、长春、西安、成都召开,欧盟驻华使团大使或其代表多次赴会致辞。中国欧盟研究会不断扩大和加强国际学术交流,持续取得欧盟委员会的各种资助,牢固确立了在中国欧洲一体化研究的引领和中心地位。前面举行的七八次会议基本上完全是由我负责筹组,每一次都是我和戴炳然一起到各所属院校会见领导、请求支持,会议都开得很成功。后来我因为年岁大了,戴炳然担任中国欧盟研究会

◎ 1994 年,欧共体委员会大学新闻处负责人再次访问复旦大学欧洲资料中心

◉ 1994年，时任欧洲大学研究生院院长诺埃尔和欧盟委员会大学新闻处负责人拉斯特诺斯夫人来家中作客

◉ 1999年，在山东省济南市参加第七届欧洲联盟国际学术研讨会

会长的职位,我只是协助他,一直到现在为止我还是中国欧盟研究会的名誉会长。

中国欧盟研究会是一个曾经受到欧盟资助、与外国相关各方面交流很有成效的研究会。该会实际上是通过复旦大学一个研究室作为基地,以小做大,会同中国欧洲学会一起,来做全国性的大项目。我印象较深的欧洲联盟有两个大项目:一个是1997—1998年的项目,中国十多个欧洲问题研究中心得到800万欧元资助;另一个是2006—2008年的项目,再拨付中国相关单位1 000万欧元资助。从这个意义上来说,这些资助对中国的欧洲研究与国际教育交流是莫大的支持推动,也是对我们发起的中国欧洲研究的一种认可。迄今为止,虽然我的个人工作经历不断变动,年岁渐大,但我对欧洲问题的研究持之以恒。

我作为复旦大学欧洲共同体研究室的主任,后来担任中国欧洲学会副会长、中国欧盟研究会会长,以及之后的上海欧洲学会会长等职,除了自己做学问以外,我全身心投入并致力于在国内和国际交流方面打开局面。通过研究室、研究会和学会,建立学术联络网,在中国做成相当大的一个学术活动平台,这方面的成就在全国应该也是有开拓意义的。我不仅推动和加强了欧洲一体化研究,繁荣国内外学术交流,使中国欧洲一体化研究在欧洲研究中能够长期处于领先和主体地位,并为中欧关系的发展做出贡献。

有文献可以证实我们这项工作的现实意义。1995年10月,欧盟委员会发布第一个对华关系文件——《欧中关系长期政策》,文件突出地把对华关系提高到战略高度,强调"致力于把欧中关系在政治、经济和文化教育等领域推进到一个全面发展、更加密切和更加深化的新阶段"。在这份欧盟正式外交文件中,特别提及中国欧盟研究会,明确表述"中国欧盟研究会对中欧关系的发展做出了贡献"。这使我们大家很欣慰。

我觉得自己在这三四十年期间,在复旦大学以及后来的上海市高等教育局、上海社会科学院,虽然工作及其职责任务转换了,但是我对致力于欧共体一体化研究这一点,确确实实是始终不渝、持之以恒、出于公心做了一些工作。以小促大,以中国欧盟研究会的项目活动推动全上海乃至全国欧

⊙ 1998 年 7 月至 8 月访问欧洲时，摄于德国特里尔马克思故居内

⊙ 2000 年 5 月，在荷兰一农场的大风车旁

洲研究和教学的不断发展,从空白、落后到先进,追赶中国对苏俄、美、日的研究,拓宽研究的广度、深度、活力,跟上了时代潮流。在欧洲研究教学中,一体化研究表现得最为突出,队伍发展壮大,青年教科人员增多,成果丰实,出国交流多。复旦大学和中国欧盟研究会对取得这些成就无疑做出不少努力。在20世纪七八十年代,与研究美、日、苏相比,欧洲研究更为复杂、难度更大,欧洲研究教学相对基础较差。一体化使欧洲成为一个整体,欧盟资助的项目也使我们获益许多。与80年代初相比,今天中国研究欧洲及其一体化的人数、质量、学术比重都大大提高,基本上已经遍布全国,尤其是北京、上海欧洲研究和教学,学者人数长期居于领先地位并各有特色,这使我很欣慰。

这就是我在70年代以来和志同道合的同事们一起,把中国的欧洲一体化研究工作开拓、推动和发展起来的基本情况。

我在学术上做了一些探索开拓性工作和拓荒性研究,发表的一些文章、出版的一些著作在中国具有填补学术空白的意义,但我个人的力量终究是很有限的,更多的是依靠团队的力量。这绝非是一句谦虚之辞。不管是复旦大学,还是我之后到上海市高等教育局,再到上海社会科学院工作,我注重团队精神和协作精神,相关单位和领导都给予肯定。他们说我这个人能够识人用人,重视增强团队凝聚力,这似乎是大家的共识。我的团队精神、协调合作和互助精神,比较好地贯彻在所担负的工作当中,在复旦大学、上海市高等教育局、上海社会科学院都培养、带出和提拔了一些人。也就是说,我不是自己一个人闭门埋头做学问,我不是只顾自己,我不会不用比我强的人、比我行的人。我从复旦大学开始就是这样,谁有潜在的突出的才能,我善于提供、创造条件,使他们能够发展、能够发挥作用。如果后来他们成长、发展得比我更好,我会感到高兴和欣慰。

比如,戴炳然是我的老同事、老朋友,几十年来我们共同开拓、协作和进取,我们合作很愉快。再比如徐明棋,他是现任上海社会科学院世界经济研究所副所长,兼任上海社会科学院欧洲研究中心主任、中国世界经济学会副会长、上海欧洲学会现任会长等职。他就比我能干得多,能力和才智都很强。我来上海社会科学院当世界经济研究所所长时他刚博士研究生毕业不久，访美进修回所一年后我就推荐选拔他做所长助理，后来经过各方面锻炼考核，又推荐他做副所长。我担任上海欧洲学会会长时，推荐他做上海欧洲学会副会长，后来他又接任会长。徐明棋虽然主要精力不完全做欧洲研究，但是至少我在欧洲研究和学校交流等方面帮助他搭建了一些活动平台。现在他已经是独当一面的研究专家，比我的研究水平要高多了，我为他的顺利发展而高兴。徐明棋并不是个案。多年来，我注意培养同事，包括我的学生的团队精神、协作精神。我始终认为，个人的力量和价值是渺小的、有限的，在工作中要崇尚团队精神，协作互助，才能持续迅速进步，把工作做得更多更好。事实证明，我在工作中取得了不错的成效。

另外，教育行政管理工作花费了我太多的时间和精力。如果我在1978年后只专心做欧洲共同体研究，顶多担任世界经济所副所长，而不去担任经济学院副院长，更不去做复旦大学副教务长，后来不调到上海市高等教育局，也许我会在学术研究方面取得更多成果。特别是在退休以后，我常常会想，如果自己一直能像在复旦大学七八十年代那样做学术研究，我可能会在学术研究上取得更多、更好的成绩。

举例来说，当时我已经在动手做一个项目，那就是编写《欧洲共同体辞典》，1985年时已经写了100多个条目。那时，复旦大学领导让我担任新建经济学院的副院长，但在有空的时候我也还能接着编写辞典。到1986年，校领导又把我升调为复旦大学副教务长，再后来又调任上海市高等教育局，行政事务越来越繁杂，我就实在没有精力继续写作了。因为编写这样一本辞典，不仅要有外文基础，还要求有选择性的思维和准确的文字表达能力，需要下苦功夫看材料、写文字。虽然我当时已经编写了一部分，但是编写辞典的工程量太大，后来我实在没有精力，又找不到合适的人手接替，这项工作就拖延搁置下来。不仅复旦大学没有出版过《欧洲共同体辞典》，全国也没有人编写出这类辞书，对于这一点，我是终身遗憾的。如果我当时一直在复旦大学，没有别的行政事务，我相信会在三五年里编写完成这本词典，后来可以陆续再版，这本辞书肯定会对中国的欧洲一体化教学和研究有较大的影响。

如果专事一名学者,按我历史专业的学术根底,我想自己肯定会写作一些人物传记,还会组织名著翻译。这不一定都由我自己一个人来做,但我肯定会发起组织力量去做。最近几年,复旦大学国政系等单位也在做些西方学术名著的翻译工作,但是当时如果我没有繁重的行政事务,我在 80 年代就会干起来,而不是等到现在才开始做。以我的干劲,我会把更多的精力投入。坦白地讲,这一点我也是有遗憾的。

总之,如果我只是做一名纯粹的学者,而不担任行政职务,我可能在学术研究、著作出版和教带研博等方面会做得更多一些,也更好一些,我会对加强学术界的内外联络也做出更大的努力和更多的成效。

其实,我个人并没有什么争名逐利之心。当年调任我赴上海市高等教育局任副局长时,我还因为参加迎战亚洲大专辩论赛拖延了几个月才到任。后来我从上海市高等教育局退任时已近 60 岁,当时很想回复旦大学做学术,后来市领导找我谈话,说市委常委会已经通过任命,把我调任到上海社会科学院。我个人对"升官"并不热衷。这些行政工作是组织安排的,上级领导让我干,我就得服从组织安排。很多事情并不能以我的个人意志为转移。担任行政管理工作,我尽职尽责,为大家、为社会做了一些事情,也算可以聊以自慰。

六、 迎战亚洲大专辩论会

抓住机会，勇于承担

⊙ 1986 年在上海电视台"晨光杯"国际知识
　　竞赛任评委

　　我一生经历中,有一件不平凡且非常有意义的事情,值得单独一谈,那就是我从头到尾参与亲历的1988 年亚洲大专辩论会。

　　这次亚洲大专辩论会是中国大陆和台湾地区海峡两岸在相隔40 年后第一次公开半官方的接触。复旦大学和台湾大学两个代表队分别在两岸教育主管部门授权批准下,参加了此次在新加坡举办的亚洲大专辩论会。复旦大学三战三胜,在决赛中以绝对优势击败台湾大学,在这场辩论大赛中荣获冠军。我是复旦大学代表队的领队,全程负责这次辩论会的组织、选人、培训的领导工作，胜利完成了国家教委和复旦大学交办的任务，交出了一份引人注目、举国欢腾、令人满意的答卷，在全国大中学生、中青年人中产生了深远、积极的影响，也引发了日后国内的辩论赛热。

1988年亚洲大专辩论会并非首届。1986年7月，由新加坡广播局发起主办的亚洲大专院校华语辩论会在新加坡成功举办，那年的参赛代表队有北京大学、新加坡国立大学、香港中文大学、澳门东亚大学四方，最终是北京大学夺冠。当年台湾方面拒绝邀请而未参加，故第一届亚洲大专辩论会的水平和影响力并不大，没有引起人们关注。

1987年7月下旬，我从谢希德校长那里接到批件，即国家教委发来的转自新加坡的征询函。国家教委接到新加坡广播局的邀请，希望中国继续参加第二届亚洲大专辩论会。

我时任复旦大学副教务长，主管文科工作，谢校长要我考虑如何答复教委。我得知这项任务时，内心是很高兴的。众所周知，北京大学在中国高校中的影响和地位，尤其是在人文社科方面肯定排名第一。第一届，中国派出北京大学比赛夺冠，这次国家教委能够给复旦大学一个机会，我认为是很荣幸的。虽然当时还不知道会有台湾大学代表队参加，我在了解背景、考虑研究后，果断地表明了态度，认为复旦大学应该参加。这对复旦大学而言既是任务，又是挑战，也是荣誉，对复旦学生素质的检验是有好处的，我们应接受这项任务。当天，我便答复谢校长，复旦希望参加。谢校长也马上就转发国家教委。后来我才知道，为了万无一失，国家教委同时向两所高校发了征询函，一个是复旦大学，另一个是南京大学。因为复旦大学快速回复同意参加，而南京大学可能还在考虑，迟复了些，所以，1987年8月下旬，国家教委就决定选派复旦大学参赛。9月初，复旦大学接到新加坡主办方的正式邀请，此时我们才得悉：除了已经参加过第一届辩论会的新加坡国立大学、香港中文大学、澳门东亚大学以外，台湾大学、马来西亚大学这一次也都答应参赛，共计6支队伍，比第一届多了2支队。

当时台湾方面已经是蒋经国当政，他延续了其父蒋介石的很多政策，不愿意与中国大陆进行公开、直接的接触。大学生辩论赛的内容不免会带有一定的政治敏感性，一开始新加坡主办方宣布比赛的主题是"经济与文化"，但是经济与文化实际上涉及政治和国际关系问题的认识和表态，所以，台湾方面当时不愿意同中国大陆有这样的正式接触。但是为什么1986年台湾方面拒绝参加而1987年却同意参加第二届亚洲大专辩论会呢？我也是后来才知道，大概是在1986年上半年，中国大陆拍了一部电影《血战台儿庄》。这部电影拍得相当出色，尊重客观史实，再现了国民党军队在台儿庄与侵华日军进行的残酷而英勇的拉锯战，给观众深刻的教育和启发。蒋经国听说此事后，通过台湾在香港的办事处买到拷贝，亲自观看了一遍。据说蒋经国在观影后流下了热泪，从此台湾方面对中国大陆的政策逐步有所调整。不久，蒋经国同意开放国民党军队老兵回大陆探亲，海峡两岸同胞在骨肉分离了37年后，终于把苦苦的乡愁化作了喜悦的重逢，从而揭开了海峡两岸公开互动往来的序幕。与此同时，正好新加坡广播局再次邀请台湾方面参加第二届亚洲大专辩论会，考虑到国民党老兵已经能够回大陆探亲，海峡两岸大学生之间进行一次辩论比赛有何不可，所以他们答应参赛，并且派出在台湾高校中排名绝对第一的台湾大学。

当时两岸还未达成"九二共识"，这次辩论会因为有台湾大学代表队参赛，一下子成为中国大陆和台湾地区的大学生第一次因为辩论会公开亮相，这是海峡两岸在相隔近40年来第一次公开的、正式的、涉及人文时政的学术接触，政治意涵不言而喻，比赛的重要性和瞩目度也就大大提升。

我在前往国家教委汇报和接受指令时，国家教委副主任亲自对我说："如果这次搞得好，下次我们中央人民广播电台可以独立举办辩论会，或者和新加坡合作，一起来办也可以，我们欢迎台湾队到大陆来比赛。"这也是我们国家两岸政策开始松动的一个重大转折。

在得到新加坡正式的邀请函之后，谢校长就决定将整个事情交由我办理。从制订参赛方案，到落实参赛活动，由我全权负责。我也勇于承担，并欣然接受了。因为台湾大学代表队的参赛，我有幸成为海峡两岸这次正式接触的亲历者和参与者。

华语辩论赛首先是在新加坡办起来的，后来传遍全世界。新加坡举办辩论赛的初衷是鼓励新加坡人学华语，用华语，多讲华语。我记得 1988 年到新加坡参赛时，马路上和许多公共场合都可以看到"学华语，讲华语、优先用华语"的宣传标识。20 世纪 80 年代，辩论赛这种形式在中国大陆还未兴起，只有一些单人演讲类比赛，即便是北京大学 1986 年赢得了首届亚洲大专辩论会的冠军，也没有在中国学界和社会上引起多大反响。所以，在 1988 年参赛之前，复旦大学没有什么参加辩论赛的经验。正是因为这是中国大陆和台湾地区大学生 40 年来第一次公开交锋对垒，因而倍受海内外瞩目，甚至有媒体称之为"世纪之辩"。复旦大学在决赛中发挥出色，一举战胜台湾大学。此后，不仅是在复旦大学，在上海乃至全国都兴起举办辩论赛的热潮，形成良好的社会影响。

也是由于在这次比赛中复旦大学积累了很多经验，在第三届亚洲大专辩论会中国派出南京大学参加比赛打输之后，1992 年第四届亚洲大专辩论会扩展规模、改名升级，国家教委又把机会给了复旦大学，并明确复旦大学辩论队今后专门负责这方面的工作。第四届辩论会的参赛队伍范围更大了，包括来自美国、英国、澳大利亚等国家的 9 支队伍，辩论会也正式定名为"国际大学生华语辩论赛"。在全国范围内引起轰动的辩论比赛就是我参与的这次，以及 1992 年举行的首届国际大学生华语辩论赛。以后国际辩论赛成为系列常规比赛，渐渐地就没有此前的轰动效应了。

选拔队员，集训备战

新加坡主办方规定，1988 年 4 月 1 日至 11 日，6 支队伍在新加坡正式举行比赛。每支参赛队伍由 7 人组成，包括 1 名领队、1 名教练和 5 名同学，辩论员应是在读本科生或低年级研究生。每场比赛有 4 名同学上场，具体阵营由领队和教练赛前决定。本次比赛的所有费用(包括飞机票等)均由新加坡方承担，我们只需准备一些服装费及生活费。当时，新加坡主办这样一次比赛的花费大约为 20 万美金。

通过与主办方联络沟通、大概了解赛制规则后，我开始组织落实工作、拟出具体方案。尽管此时我已经50出头，工作也近30年，也参加过一些国际活动，自己对做学问、当活动主持人、翻译、写作等工作也都比较熟稔，但是这样一个很严肃、很正规的大型国际辩论比赛，我还是第一次尝试。如何组织选拔，如何培训队员，怎样应对外事等敏感问题，怎么参与比赛才得体，我从未有过经历和经验，肩上承担的压力不可谓不大。幸好有谢希德校长和学校党委对我的信任，复旦大学广大教职工的鼎力支持，大学生们出色的人文素养和积极的参与热情，我们最终一起出色地完成了这项工作任务。整个工作历时近半年。

1987年10月，复旦大学发出该活动公告，学校应邀参加新加坡主办的亚洲大专辩论赛，采取自愿报名、各系推荐的方式，进行全校公开选拔，招募5名队员，以文科优先，但理科专业同学也可以报名。一开始全校大概有几百人报名，人数过多，经过各系的初步筛选和推荐，最后压缩到80多人。

从11月开始，我利用负责文科工作的学校副教务长职务便利，组织了20多位学校文科中青年骨干教师作为评委，针对初步筛选出的80多名同学，正式开始选拔评审。选拔经过4轮：第一轮是个人演讲，每人10分钟左右，题目自拟，文化、政治、经济等方面均可。接下来是双人辩论，再到多人辩论，最后是口试，层层筛选评判。经过这样4轮比赛，在12月12日，我和评委们在教务长会议通过，选定顾刚、李光斗、鲍勇剑、罗洁、吕巍5名同学作为参赛队员，代表复旦大学赴新加坡参赛。同时，我向校领导提名推荐了辩论队教练的人选。

从12月18日起，我们开始进行集中训练。先是开讲习班，分发大量的学术参考书、期刊报纸以供大家泛读或精读。所涉主要著作和重大时政、学术问题，我们还组织提问、讨论，要求参赛队员认真记笔记、抄卡片。我又请来学校哲学、法学、外语、历史、管理学、经济学、中文和国际政治等学科的骨干教师，对这5名同学进行专家授课。我记忆中参与授课的专家有：俞吾金、谢遐龄、杨心宇、陆谷孙、朱维铮、姜义华、董世忠、赖彭城、朱国宏、朱立元、朱明权、曹沛霖、王战、陈伟恕、倪世雄等。

1988年2月中旬，复旦大学正式对外宣布组成7人代表队，参加4月在新加坡举办的亚洲大专辩论赛,由我出任领队,全权负责,教练由王沪宁担任。在此之前,我们还曾专程到北京向国家教委报告。当时国家教委负责对外事务的黄辛白副主任(原教育部副部长,第七、第八届全国政协委员)接见我们,明确提出要坚持"友谊第一、比赛第二"的原则,这也是我们国家参加任何国际比赛的基本原则;同时要注重相互学习、交流,当然还要发扬拼搏精神,争取优异成绩。因为上一届比赛北京大学已经拿了第一名,我私下鼓励全队,复旦大学绝不能丢脸。另外,领导交待因为这次比赛有台湾队参加,更是要特别注意国家两岸政策的外事纪律,决不允许制造两个中国的任何行为。我们和来自各方的代表队员都可以接触,但要注意分寸,尽量不要涉及政治性话题及其表述。在各代表队的正式名称上,不允许把台湾大学叫做"国立"台湾大学。我们同新加坡主办方联系,在比赛时代表队的名称明确为"上海复旦大学"和"台湾大学"。

此次到国家教委去汇报,我们除了接受任务指示以外,还专程前往北京大学取经。1986年北京大学参加第一届亚洲大专辩论赛并获得冠军时,领队洪君彦、教练巫宁耕都是世界经济学教授,我已认识他俩多年,过往与他们在学术方面早有多次交流。除了教练和领队,我们也找到参加决赛的4名同学,吸取他们当年的比赛心得,询问比赛注意事项及问题,听取他们的相关建议,等等。

队员正式集中集训是从1988年2月开始的,也就是新加坡广播局发来正式电文、同意并公布6支队伍参加比赛之后,复旦大学队才全力投入。当时我们不仅开讲座集中授课,更重要的是还组织了很多次陪练活动。我们为这5名正式参赛队员,从国际政治系的研究生中挑选8名同学组成一支陪练队伍,进行日常陪练,自出辩题进行模拟赛实战训练。这次辩论比赛的正式参赛队伍有6支,分别是上海复旦大学、台湾大学、香港中文大学、澳门东亚大学、新加坡国立大学、马来西亚大学。正式比赛的赛制是先分成两组进行初赛,每组3队进行循环赛,各赛3场,两小组初赛优胜队进入决赛,最终决出冠军。所以,我们的陪练队伍也有8个人,分为两个队,抓紧一切时间进行实战模拟辩论。他们付出了大量时间和精力,是真正的无名英雄。

3月1日，我们收到新加坡主办方的正式通知，得知所有正式辩论题目。之前我们参照上届赛题，根据当前形势热点，根据自己议定的与政治、经济、文化及国际关系相关的辩论题目进行训练，在这之后的训练也更加有的放矢了。

3月10日，通过抽签决定，上海复旦大学辩论队被分在第二组，同组的有澳门东亚大学队、马来西亚大学队。应该说这次分组抽签，我们的运气还不错。抽签是由谢希德校长在新加坡的一个朋友代我们抽取的，为了抽签我专门先到新加坡实在没有必要，请学生去抽签又觉得不正式，所以，谢校长委托她在新加坡大学的一位很熟的朋友，代表复旦大学辩论队抽签，抽好以后马上把结果告诉复旦大学。

我们同澳门东亚大学队比赛的题目是"在目前国际局势下，联合国有无存在的必要？"我方抽签为反方，立论是"在目前国际局势下，联合国没有存在的必要"；我们与马来西亚大学队辩论的题目是"庞大的人口是第三世界国家的负担吗？"我方抽签定为正方，立论是"庞大的人口是第三世界国家的负担"。这两个题目对我们而言，都不是很顺理、顺口的。据此我们要否定联合国，说它没有存在的必要，实际上我们需要积极参加联合国。但是有一点必须明确，那就是辩论赛的辩题，无论是正方或反方，都不代表本队的实际观点。这些都在比赛规则中写明，所以完全是为辩论而辩论，主要讲究思辨才能、思维逻辑、技巧和口才，甚至可以诡辩，绝不代表你自己或你所在国家的政治观点来进行辩论。这一点大家都很明确。

我们当时就已经知道4月11日将要进行的决赛题目是"儒家思想可以抵御西方歪风吗？"我们是4月1日开始比赛的，8日晚上循环赛中胜出的两支优胜队伍抽签决定，决赛谁站正方、谁站反方。因为正、反方立场还未确认，所以，我们两个方面都要准备立论。因为如果能够顺利进入决赛的话，决赛抽签是4月8日晚上，离比赛只剩两天时间，届时现场准备是来不及的。其实对决赛题目的准备，我们也没有花费太多时间。因为我们不能确保进入决赛，主要精力还是先准备小组的循环赛，脚踏实地地对待，这是我的指导意见。

其实对与马来西亚和澳门地区的辩论题目,我们也是正、反方都准备的。我们在陪练的时候,正、反方都要训练,你是正方时,应该怎么讲;你是反方时,又应当怎么讲。因为只有这样,才能猜想到对方可能会抛出什么话题,提前做好应对。当然,因为明确我们同马来西亚比赛时是正方,同澳门队对垒时是反方,正式参赛队员肯定是以自己的立场为主来准备辩论,担任对手方的工作交给了陪练队伍。

3月30日凌晨,我带队出发。那时复旦大学的地理位置相对偏僻,浦东那时还没有建机场,我们从虹桥机场离开上海。我们早上一大早到达机场,然后途经香港停留。当时的直飞技术条件还不够完善,加之中国和新加坡还没有建交,中国前往新加坡的飞机大多需要到香港中转。中转期间航班出现延误,我记得那天抵达新加坡机场时已经是夜里22点。整整一天旅程,劳累是次要的,更重要的是心情。在飞机上,我回忆起半年以来的经历,内心复杂,难以平静。

此前,我从未独当一面,承担这样重大的任务和责任,也未参加过这类辩论比赛,更未领导应对过如此规模、复杂敏感的外事活动。在这200多天里,我每天的活动日程表都排得满满当当。那时我家在上海市区,若是每晚回家,第二天早上再来学校,以当时骑自行车或者是坐校车,在路上要花两三个小时,很耽误时间,所以,学校后勤部门专门给我准备了一间房间。那几个月,我基本上是住在校内的"客房",一般一个星期才回家一次,料理家务、换换衣服。可以说我是集中精力,全力以赴备战这场辩论赛。

因为这次承担的责任特别重,我要说自己的思想压力不大,那是骗人的。因为我的个性就是喜爱挑战,当初谢校长给我看辩论赛的征询件时,说要不要参加听听我的意见,其实那时不参加辩论赛也有可能,但我既然已经表态要参加,我就应该乐于承担这样的责任。学校将整个活动交给我来负责,对我来说这既是信任,也是一次很大的考验,所以,在那半年里我几乎把所有的精力都倾注于此事。虽然任务很繁重,但是我尽量抱着一颗平常心。我很清楚,这将是为国家、为复旦大学争光扬名的好机会,发挥好能大大提高复旦大学的影响力和知名度。为了国家和复旦大学的荣誉,我施展出自己的拼搏精神和才智能力。

全力以赴，赛出水平

在这次活动中，我为辩论队确定的指导方针如下：

首先，全队要有"友谊第一，比赛第二"的心态。不能谨小慎微、有想赢怕输的想法，一定要胸怀坦荡地对待一切。在比赛准备过程中，我不给队员过大的压力，从来不要求队员"一定要拿第一"，只说"争取第一，确保优异，赛出水平，赛出风格"，最起码要挺进决赛。对自己担当的职责，既要有抱负，有必胜的信心和决心，又要以平常心对待胜负，不要背上心理包袱、给自己莫名压力，一定要轻装上阵。正确应对这次比赛，迎接一切未知前景，化险为夷，处变不惊，应对挫折。

其次，全队要有"不计得失，全力以赴"的精神。参加这次活动既是荣誉，更是对自身水平和素质的一次检验，我们必须全力以赴，努力拼搏，为复旦大学争光，力保赛出风格、表现优异。当时我反复对队员们讲的一句话就是"人生能有几回搏?!"动员他们拿出拼搏精神，发挥聪明才智，拼尽全力，攀登目标，展示复旦大学优秀大学生的形象和新中国年轻人的风貌。

我一再劝诫队员绝不可自以为是、洋洋得意，一定要牢记谦虚谨慎，绝不能盛气凌人，绝不要耍小聪明，绝不做哗众取宠的事。一切要实事求是，发挥务实拼搏精神。绝不能过分突出个人，要讲团队精神。辩论事先要写出基本讲稿，明确一辩、二辩、三辩、四辩如何分工、怎么准备，怎样协作，但是又要有临场发挥的应变能力。自由辩论的20分钟是全场最重要、也是最精彩的环节，需要严格把控时间，并要在倾听过程中抓住对方的"小辫子"，在反问的同时提出新的观点，不能完全按照事先准备稿死搬硬套，而要灵活自如地随机应变。这一点非常考验全队的默契程度。在团队精神培养方面，大家看的书报、写的心得、抄的语录等，相互之间都要进行交流，并在互相提示方面给他们做了很多训练。

这5位同学都是第一次出国。作为领队，我做好一切通报、教育任务，既要求他们严守政治纪律，又给他们有轻松自如的活动空间。我特别鼓励他们谈心交流、互相学习，绝不要拘束紧张、事事请示、时时汇报，一切言行活动自己负责。我特别强调，我们在新加坡要积极、热情、友好、善意地对待人或事，绝不谨小慎微、怕事卸责。如果真的发生什么大事、急事、难办事，尽快汇报，一切由我来担当负责。我给队员绝对信任，充分放手。总的来说，同学们表现非常出色，没有出什么纰漏。

◎ 在亚洲大专辩论会出发前召开队务会

我是全队的领导和负责人，承担一切政治责任，是一切行动的最后负责人。我对自己更是严格要求。我给自己订下行动指导方针：勇于担当，敢于负责，做事到家，把"举重若轻"的心态胆识和"举轻若重"的具体工作任务、工作态度结合并运用好。换句话说，就是把事情做得更加稳当，更加认真细致，同时又不给自己和全队过大的压力。我要求自己做一个热情、友好、负责任、有魄力、敢担当、有作为的新中国复旦大学代表队负责人。作为领队，我要求自己担好职责，疑人不用，用人不疑，待人真诚，放手信任全队成员，充分尊重信任教练。领队、教练和队员要默契合作，认定"谋事在人，成事在天"，共同努力，全力以赴，争取出色完成任务。

我们到达新加坡已是深夜。新加坡广播局的负责人、宾馆经理等都到机场接机，再送我们抵达宾馆。路上辩论会主办人告诉我："台湾大学代表队已经先到，想同你们见见面。"我说："虽然已经很晚了，但我们还是很高兴见面。"台湾大学代表队出现在宾馆大厅，站在面前的是和我们一样黄皮肤、黑头发的中国人，台大的同学诚恳朴实，让我们倍感亲切。我率先走上前去握手，问候"你们好！"，一举实现海峡两岸师生间的直接交流。这次握手也成为第二天新加坡各报的重要新闻，被广为传扬。

尽管时间已很晚，但有至少几十位来自新加坡等东南亚各国和中国两岸三地的记者蜂拥而至。交谈叙情过程中，我非常自如地有问必答，不打官腔，谈话内容大到两岸关系，小到学校管理体制、教学安排、成才环境。同学们之间也热情地交流。

◎ 在亚洲大专辩论会的领队记者招待会上发言

4月1日下午(即我们到达新加坡的第二天),新加坡广播局召开6位领队的记者招待会。会上,6个队的领队相继发言,公开谈论此次参赛的宗旨和态度。我发言的主题内容是"友谊第一,比赛第二":我们是为寻求友好,加强合作,为学习交流而来,表示"赛题是限定的,而交流是广阔的;赛期是有限的,而友谊是永存的","这次辩论赛不仅是智慧的交锋,也是知识的交汇、思想的交流,更重要的是感情和心灵的交融"。这段话是我事先在国内就准备好的在新加坡发表公开讲话的主旨,既是对新加坡、马来西亚等各代表队讲的,希望大家注重心情、心灵、思想的交流,更是告诉大家,我们海峡两岸代表队应该通过这次活动,进一步开拓扩大两岸间的交流与沟通。我在记者会上的讲话得到全场最热烈的掌声。事后报纸评论认为这是领队演讲中最有实质内容的,其他几个领队的发言都比较四平八稳。新加坡的报纸认为:"如评最佳领队,当伍贻康莫属。"

⊙ 1988年在亚洲大专辩论会期间,与记者们谈笑风生

总的赛程都是事先规定好的。4月2日,我队上场与澳门东亚大学队比赛,辩论题目是"联合国有无存在的必要?"。我队以正方就"在目前的国际局势下联合国没有存在的必要"这一辩题展开辩论。我队准备充分,且队员基础扎实、反应敏捷,5位评委以5∶0的票数确认我队获胜,取得了压倒

性胜利。

4月5日，我们和马来西亚大学队比赛，以正方就"庞大的人口是第三世界国家的负担"进行辩论。这次比赛整队发挥不太理想，最终以3∶2取胜，没有上一场与澳门队比赛时赢得那么精彩，也没有决赛时同台湾队打得那么漂亮。在比赛中某些环节处理得不是很令人满意，但总归是获得小组出线，能够进入决赛。

4月5日晚确定我队进入决赛，我们就从6日开始，集中准备关于"儒家思想可以抵御西方歪风吗？"的决赛辩题。另外一组台湾大学队先是战胜了新加坡国立大学代表队，7日晚上再胜香港中文大学代表队，最终和我们会师决赛。在我看来，台湾队在同新加坡队的比赛中总体而言打得并不激烈，新加坡队发挥得不理想，台湾队倒也胜得漂亮；与香港队的比赛，台湾队则打得比较艰巨，其实香港队蛮有实力的。

我们每场辩论前，队员们都很紧张，需要认真地做好充分准备。在具体的辩论策划和赛前准备的指导和部署上，教练承担得更多一些，我就负责其他一切事宜。因为总共只有7个人，5位同学比赛很紧张，负担也很重，教练负责指导他们打好比赛，我就里里外外一把手，担任起勤快、爱护有加的"保姆"角色。后来，他们说："伍老师，你太辛苦了，事无巨细地上下打理。"但我认为没什么，这是我应该做的。晚上10点钟，我就带着他们到外面去吃夜宵，一整天都那么紧张，也需要适度放松、加油调剂。

我们每个人都有几百元的活动基金，怎么花这笔经费是由我负责管理支配的。我们注意节约，一般是买些水果、特色点心，大家晚上训练完肚子饿了的话就去吃吃有新加坡特色的夜宵。国际比赛这么多天，生病了要找医生，要买水果、面包和点心，这种事情新加坡会务方是不管的，他们只通知几点钟吃饭、在哪里吃饭。为了保证我们教练和队员有充足的精力、良好的体力和优秀的竞技状态来参加比赛，我还是要把后勤保障这一摊子事情做好。第四届辩论会复旦大学再次参加时，就吸取了我们的经验，除去7个人以外自费增加了一位人事处长随队，他专门负责后勤杂务，队伍变成了8个人。

世纪之辩，夺冠荣归

7日晚上正式明确，海峡两岸的两所大学将在11日晚进行决赛。准备时间就剩下8日、9日、10日3天。因为我们在5日就比完半决赛，时间相对宽裕一点，所以，4月7日当天，为了更好地把握和准备决赛关于儒家思想的辩题，我们组织了一次活动，与新加坡方联系，全队到新加坡东亚哲学所拜访请教。

新加坡东亚哲学所是研究儒家思想的著名学术机构。7日下午，我们参观东亚哲学所、拜访所里的吴德耀先生(1915—1995，儒学思想家、教育家和政治思想大家)。吴先生是所里儒家学说的主要负责人，我们向他请教了很多问题。吴先生很风趣，他知道我们进入决赛，但还没有抽正反方，他开玩笑说："不论你们谁抽到正方，抽到正方的就来找我，我们东亚哲学所一定亲力亲为，给予帮助。你们要看资料，或者要解答一些问题，我都可以帮忙。但是如果抽到反方，你们别找我。我们对儒家是很推崇的，不会说儒学不行的话。"吴先生也说如果在决赛时真的是反方队伍，确实不容易辩胜。作为新加坡人，这一点他很清楚。新加坡是一个尊儒的社会、尊儒的国家。我们一到新加坡，向新加坡广播局讨要了一些儒家教科书，有小学的，也有中学的，他们把孔孟之道都编入教科书，作为中小学的必读课本，而且还出版画册，这些在当时我们国内是不敢想象的。从各个方面来说，新加坡很是尊儒，把儒学的宣传、教育、研究都做得很深、很细，我们着实讨教并受益匪浅。

我们当时也考虑到，如果我们拿到正方，要夸儒家思想怎么怎么好，就需要准备好资料，我们队伍中李光斗和顾刚这两位新闻系学生，对于儒学方面了解得还是挺多的。我也很欣赏他们两人。但是如果我们拿到反方，决赛的题目实际上对我们很不利。台湾地区推崇儒家学说，在新加坡也是如此，如果要说儒家思想不行，且不说新加坡的老百姓不一定能接受，即便是评委也不一定能理解和支持。所以，我们怎么正确认识、辨别评判儒家思想，是十分重要的问题。

其实我们在从上海出发前就统一了思想观点，对于"儒家思想可以抵御西方歪风吗?"这个议题，我们要持基本肯定的态度。如果我们拿到正方，当然是肯定的;即使拿到反方，也要注意一点，就是我们绝对不去否定儒家思想，只是说儒家思想没有明确抵御"西方歪风"这个功能。考虑到新加坡的儒学环境和氛围，从辩论技巧来说，其实并没有绝对的正方、反方。如果拿到正方，比较符合天时、地利，人和更是如此;即使拿到反方，我们在复旦大学备战时已经准备了很多反方材料，我们也准备了不少反方的观点和思路。在训练中，我一再强调，我们无论是正方或反方，都要尊重儒学、尊重儒家。儒家思想既有作为传统文化的精华部分，也有糟粕，这次辩论不是谈糟粕的时候，而是要对儒家思想的精华部分给予肯定。即使作为反方，我们也决不用否定的方式来谈儒家思想。这一点我们培训时就已经确定。特别是到了新加坡以后，在访问东亚哲学所时听吴先生讲儒学思想更让我们亲身体会到，新加坡人对反儒或者否定儒家是非常反感的。我们回到宾馆之后，我再次对同学们强调这个问题：在辩论中我们绝对不能否定儒家，只能说儒家思想在某方面功能不够，而抵御西方歪风邪气是一个实践问题，是一个社会问题，不单单是用理论文化思想就能够解决的问题。我们要避免单纯直接谈论儒家思想好坏这样的话题，这一点必须要明确。

4月8日是最紧张、很"有戏"的一天。我们同台湾大学队私下约定，中午一起吃个饭，谈一些参加决赛时应该注意的态度和问题。我们找了一个很偏僻的地方，绝对不能让新闻记者提前知道。因为那几天新闻记者可以说是无孔不入，天天盯着我们两队人马，企图挖出点吸引众人眼球的动态或趣事。中午我们两队一起用餐时，复旦大学队和台湾大学队口头商定"四项君子协定"，就是在辩论赛中"不谈主义，不谈政府施政，不谈领袖，不使用攻击性、污蔑性的语言"。这4点相当重要，要避免因政治敏感话语而影响比赛，双方达成了一致。

午餐时"四项君子协定"商定后，台湾大学队领队下午请我去喝咖啡。他请我喝咖啡时，很认真地对我说，他们一直"尊孔"，对儒家思想不抱否定、批判的态度，如果抽签抽到反方，他们会很尴尬。他又说："你们从'五四'开

◎ 在亚洲大专辩论会期间，与我国台湾地区代表队的领队叶庆炳、教练苏玉龙会面

始一直批孔反儒，'文革'时还把孔庙也砸了，你们持辩论反方就很顺，而如果持辩论正方，你们也会很尴尬的。"他提议我们双方可否商议约定，台湾大学队就持正方，复旦大学队就持反方，这样双方在辩论时论述会比较"顺"，有利于发挥各自的论证态度。我事先根本没有想到，他会提出这样的提议。我不可能同意这种违背主办方规定程序(通过抽签来决定正反双方)，而去搞什么事先商议确定所持的正反方。如此这般的做法，新加坡主办方也会很难同意。若是如此商议确定正反方，即使我们在赛场上获胜也不光彩。所以，我当即回答："这样来确定辩论正反方，好像不太好吧！我们还是按规定程序办事为好。"我还表示理解对方的想法，如果否定孔子、批判或贬低儒家思想，好像会违背你们的信仰。但既然题目已经出了，"我们之间是场友谊比赛，还是遵守规则程序为好。我们希望尊重客观、尊重自然。如果给评委和观众一场事先商议排练的辩论赛，我认为不妥"。回队之后，我同教练和队员们说起这件事，他们非常赞同我的认识和回复。

8 日晚上，我代表复旦大学队抽签，抽到的恰巧是反方。我记得台湾大学辩论队得知结果后喜形于色,他们事先很紧张,认为万一抽到反方会很不利,此时他们拿到正方觉得胜券在握。我抽到反方以后,淡淡地一笑,说:"看来我们两队在赛场上再见了。"我说话很温和,不是用"比高低"、"决胜负"这样的用词,而是说"在赛场上再见"。台湾大学队抽签后喜悦得意的表情,那种"信心满满",让我觉得非常有意思。

在拿到反方以后,我记忆中最深刻的是,我们一直在认真思考、反复修改辩论稿,一直到赛前最后两天的关键时刻,我们决定用"综合治理"这个观点来进行论证,强调要用"综合治理"是抵御西方歪风最有利的武器。抵御西方歪风要有监督,更要依法治理,仅靠教育是绝不够、也不行的,单凭儒家思想并不足够让一个人走正路、不走歪路。此外,我们还研究了"人之初性本善"还是"人之初性本恶"的问题。我们认为一个国家、一个社会要想真正抵御西方歪风,需要通过综合治理,全面综合地使用各种手段,除了抓住对人的教育培养、提高素质、引导走向正道以外,必须辅之以法治和其他政策措施,这样才能更有效地来抵御西方歪风。在今天,综合治理已经谈得很多,并不让人感到新奇。但是在20世纪80年代,我们想出"综合治理"这样的新名词却实属不易。在意见达成一致以后,同学们反复改稿,强调以综合治理作为指导方针,同时谈了很多具体的如何更好地处理人与人之间关系、人与社会关系的例子,还准备了国家怎么能够更好地实现安全平稳的综合治理等方面的问题。

在决赛前一天,也就是4月10日这天晚上,我们开了一个赛前动员会。我当时分析,我们这次抽到反方,应该说我们没有优势,甚至可以说处于不利地位。尽管我们已经明确要肯定、尊重儒家学说,要用"综合治理"的主题论点来阐述"单是儒家思想不可能战胜西方歪风"的观点,但是对于新加坡听众来说,批评儒学很难被接受,他们肯定也是偏向于在社会氛围里要推崇而不能贬低儒家思想。特别是已经公布的决赛时的7位评委名单中,有5位与台湾大学有直接或间接的关联,他们不是台湾大学的毕业生,就是之前曾在台湾大学任教或有过交往,与台湾地区的关系要比与中国大陆的关系更加密切、友好,他们的情感因素不能不考虑。而且说句老实话,剩下的两位评委是不是对我们存在偏见,我们当时也不得而知。当时中国的国际交往幅度和程度都还很不够。综合分析下来,我认为如果我们在赛场上只是与对方旗鼓相当或略胜一筹,估计在最终投票中也有可能会落败。因此,我们需要在赛场上处于绝对优势地位,才有把握取得胜利。所谓"置之死地而后生",我坚持内紧外松,要有一定压力,要鼓足干劲,但又要谈笑用兵,不给同学们太大的压力。我告诉他们要轻装上阵、不要背包袱,在这种劣势情况下即使失败,也是可以理解的,但是一定要赛出精神和气势、赛出高水平和良好素质,暂时不要去考虑胜败,而是要把这几个月,特别是最近一个月,我们对儒家思想正反方面熟悉准备的内容很好地运用并能发挥出来就可以了。我们一定要十分尽力,要有信心地上赛场。

决赛在排兵布阵方面,我们也是深思熟虑、仔细分析过的。我们队 5 位同学中,顾刚和鲍勇剑要出场没有疑问,罗洁是队中唯一的女同学,很有亲和力,她也无法取代。吕巍是管理学院的研究生,队员中学历最高的,他也出场参加了与马来西亚那场"人口问题"的比赛,赛场表现也很不错。但是我们考虑吕巍对经济方面的问题相对更熟悉,而李光斗对儒家思想较为熟悉,虽然李光斗在第二场半决赛中没有上场,我们最终还是决定在第三场决赛时启用李光斗。最终李光斗在场上确实表现出色。

我们与台湾大学队的比赛被誉为"世纪之辩",后来我也反复看了几遍全程录像,确实我们优势明显,赢得相当漂亮。我们 4 位同学在这场比赛中发挥出比以往都要优秀的水平,而台湾大学队相对来说有不少失误,自由辩论的 20 分钟里,他们前面几个人讲话时间太长。台湾大学队后来也说他们没有掌握好,自由辩论时间前段讲得太长、太多,很快就用完了自由辩论的时间。当主持人宣布台湾大学队发言到此为止时,他们已经不能反驳,而我们还有 8 分钟左右的时间,4 位队员有机会轮流各自进一步表达观点,抓住台湾大学辩手在之前发言中的"小辫子",尽可能揭示他们的不足,使我方显得更有理、对方显得更被动。在自由辩论结束之后的总结陈词阶段,我们讲完之后,对方整个辩词、辩论更显残缺少理,气势都被我们压住了。比较而言,对方的论述较为空泛,而我们的陈述、辩词和辩论则很生动、贴切而清晰，还通过举实例来证明我方观点的正确性，着实使人们听了较为认同，双方差距明显。

最后公布赛场的评分是"5∶2"，复旦大学队获胜，仍有两票是支持台湾大学的。所以，我在赛前的风险预估有一定道理，如果我们不是取得明显的压倒性优势，评分很可能变成"4∶3"，甚至会倒过来"3∶4"，评委难免会有一定情感因素掺入。但当我们把令人信服的压倒性优势展现出来时，个人情感的倾向性表达就难多了。复旦大学辩论队最终赢得了这场决赛，圆满完成了任务。

◉ 夺冠时刻，上台领奖

1988 年这次亚洲大专辩论赛，可以用这样几句话来概括总结：辩论实际上是参与者的文化积累、知识结构、逻辑思维、思辨能力、心理素质、语言艺术、整体默契、仪表仪态等多种素质集中综合的体现。在赛场上，考验每个人的互动能力、智慧和反应快慢的表现能力，这是对学生综合素质的实际检验。我认为这次胜利对我们来讲，赛场的胜负不是最主要的，更值得看重的是海峡两岸同胞 40 年后第一次公开、半官方方式的交往和交流顺利而完满地完成了。我们很高兴交出一份出色的成绩单。赛后在场内外，其后在

画报 1

画报 2

画报 3

画报 4

◎《上海画报》1988 年第 4 期刊载的《己非新闻之新闻——"亚洲大专辩论会"追记》一文

国内外，各方面人士都认为，在最后的决赛中复旦大学队表现得非常棒。儒家思想曾经长年累月地在中国大陆遭受批判、否定，结果4位同学对儒家的思想、儒家的文句掌握娴熟、运用自如，这是令人赞赏的。这要归功于4位同学的聪明才智，特别是顾刚和李光斗二人的表现得到很多人的赞扬。这次比赛"最佳辩手"的荣誉，很多观众曾认为应该属于顾刚，因为我们已经拿到团队冠军，主办方大概综合考虑，将"最佳辩手"颁给台湾大学队的一员辩手。

复旦大学队这次代表中国大陆参加新加坡举办的亚洲大专辩论会，相当于对中国大陆高等教育水平的一次测试。虽然在"文革"期间我们停办了大学，还长期否定儒家思想，但这次比赛展现出复旦大学的教育水平非常值得肯定，复旦大学学生的综合素质令人赞扬。中国大陆向全世界展示了高等教育水平，起到了积极的作用。复旦大学学生的文化素养和辩论水平，是多年教育培养和自身勤奋努力的成果，我们赢得漂亮、令人信服。这次辩论会轰动一时，得到来自很多方面的赞赏和鼓励，提升了国家、复旦大学的国际形象，产生了广泛而深远的影响。

⊙ 1991年11月，在西日本学生中国语辩论大会作为评委会主席发言

对我个人而言，我很欣慰能够较为顺利地完成党和国家交给我的任务。我认为除了抓住机遇、敢于迎接挑战之外，这一次对我最大的考验就是我是否能够识人用人、放手工作。我在整个活动的组织选拔、培训备赛和最终比赛的过程中，能够并善于识人用人，放手发挥他们的才能，做得比较有成果。教练和5位队员其后也在各自的领域发展得非常出色，我为他们感到高兴、欣慰，也永远牢记这次历时半年的、紧密的、成功的合作。

七、 调任上海市高等教育局

调令突然而至

1988年1月,我在复旦大学担任副教务长,正在全身心投入、如火如荼地准备参加亚洲大专辩论赛,遽然得到上海市人民政府的调令,任命我为上海市高等教育局副局长。上级事先并没有找我谈过话,我对这件事情并不知情。但是组织进行干部选拔肯定都会经过调研,此前与我关系比较好的老教授曾对我说:"老伍,上面来调查你,来问过我,看来总归是好事。"因为调查的内容是询问我的工作能力以及各方面对我的评价等。

我当时对"当官"、对名利不太在意,想都未想过。我感觉自己在复旦大学工作还是得心应手的。照理接到调令后,顶多花一段时间移交工作就要去报到。但那时我已经答应谢希德校长,要组织和培训复旦大学队员参加新加坡主办的亚洲大专辩论赛。1月刚刚挑选好队员,培训进行到最关键的阶段。看到这个任命之后,我明确表示能否先让我完成复旦大学辩论赛任务。谢校长十分理解我,替我向上级组织打了招呼。后来,上海市教卫办主任王生洪代表市政府约我谈话,我也把这个情况汇报请示,最终得到批准,同意我在辩论赛工作结束以后再到上海市高等教育局就任。因为辩论赛的时间是4月1日至12日,回来之后我又做汇报总结,直到4月20日才

⊙ 1990 年 10 月,与上海市教委党委书记陈铁迪(左一)、上海市教卫办主任王生洪(右一)的合影

正式到上海市高等教育局报到。所以,我正式到任时延期了 3 个多月。

　　坊间曾有传言,我是因为亚洲大专辩论赛表现突出,为国争光,所以上级领导马上提拔我。其实这完全不对,我的调令是在辩论赛还没开始时就下达的。即使这次辩论赛没有取得冠军,我也还是要去上海市高等教育局赴任。很多人不了解情况,就认为我的这次升迁是因为辩论赛获胜的缘故。其实组织上调升一位同志,肯定不会因为是做了一件好事马上就来提升你,一般而言,组织部门肯定很早就开始酝酿和调研了。传言说我因为这次辩论赛表现突出而被提拔的说法,实际上是一个笑话。

　　调任上海市高等教育局,是我人生经历的一个重要转折点。我是一位普通教师,家里不要说有干部背景,就连书香门第都不算,就是一个最普普通通的市民家庭。1984 年,我担任复旦大学世界经济研究所副所长,算是成为正式编制的干部;差不多在 1 年之后,1985 年 3 月,我又被任命为复旦大学新建的经济学院副院长;1986 年 6 月,也是经过 1 年左右时间,我被任

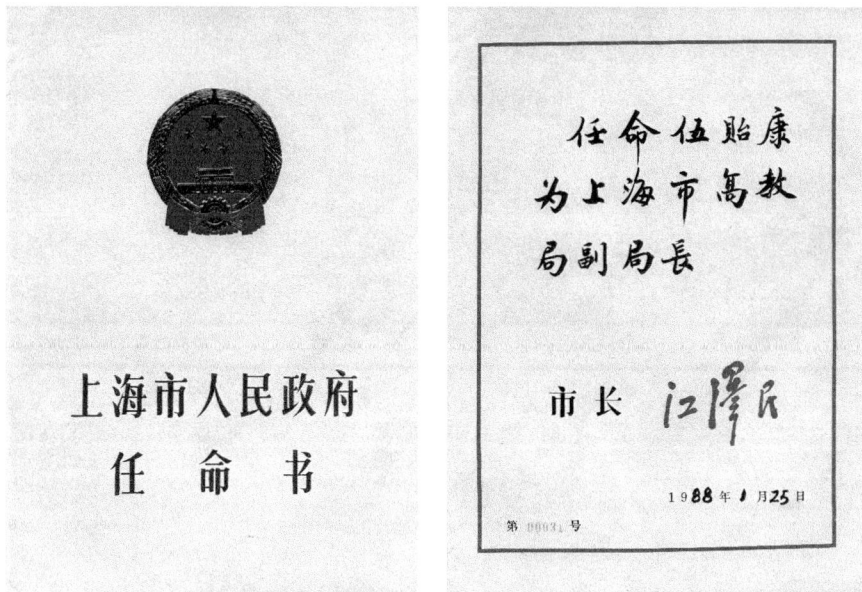

上海市高教局副局长任命书

命为复旦大学副教务长，主管文科；1988 年 1 月，我接到上海市人民政府的调令。可以说我是 4 年时间"四级跳"。

具体什么原因，我并不清楚。我这个人做工作勤勤恳恳，认真踏实，服从安排，大局为重。尽管我自己很喜欢做学术业务，但是我把主次分得清清楚楚。也许是自己这些年展现出的工作能力，在学术科研和教育管理方面的一些工作比较有开拓性和创造性。我这个人既不会拍马屁，更不会走后门。4 年中的"四级跳"，可能是上级组织对我工作能力的认可。当然这些都是我个人的一些想法和猜测。

对于升迁，我当然很高兴，但也同时感到有些惶恐。因为 4 年时间中对我来说，学术上丢掉的东西越来越多。我在复旦大学担任世界经济研究所的室主任、副所长时还好，只有一点行政事务。到复旦大学经济学院做副院长，负责科研管理，我已经要花费相当多时间在行政事务上。后来到学校层面做复旦大学副教务长，负责学校整个文科，工作就更加忙累了。

我本想在欧洲一体化研究领域大干一番，4 年时间的"四级跳"对我的专业进展产生不小的影响,但我还是坚持专业工作不放手。从大学起我已习惯"双肩挑",几十年的经历让我习以为常,我能够分清主次,摆正方向,服从大局,理解领导和组织的信任。我个人对"当官"并不觉得有什么了不起,也没有"向上爬"的意识,反而感到对自己喜爱的学术专业进步会有影响,心里舍不得丢下这些已经很顺手的科研工作。

从复旦大学到上海市高等教育局,虽然没有脱离教育战线,但工作跨度还是很大的,管理面宽泛很多,要抓教育改革、开很多会,这些都需要我加强政策观念。我在上海市高等教育局明确主管文科工作。之前从学校提拔的上海市高等教育局副局长都是来自自然科学专业,我还是第一个真正文科科班出身。好在我来这里之前几年,在复旦大学也分管过文科的教学科研工作,相对不那么陌生。

当时在整个上海市教育行政管理方面,高等教育局是一个相对务实的机构。我认为自己不太适合也不喜欢做政治思想工作,尽管我在上大学时做过团总支书记,后来也都是"双肩挑",也曾做过政治指导员,但我更喜欢做一些务实的事情。

上海市教育行政管理的工作班子分工较为明确。中共上海市委教育卫生党委统管党务思想工作,上海市人民政府教育卫生办公室管比较宏观的事情,偏重抓教育改革工作,这两个部门人员配置也不很多。高等教育局和教育局是两个相对务实的单位,主抓行政和业务管理,其中,高等教育局主管大学,教育局主管中小学。1995 年我离任以后,高等教育局和教育局两局撤销合并,变成从幼儿园开始一直到大学都归口上海市教育委员会管理。我从复旦大学来上海市高等教育局工作时是 52 岁,局里其他领导都比我年纪大。当时的正局长是已经 60 岁的来自同济大学、解放前就入党的张德龙教授,他离休后由徐匡迪接任。相对而言,我刚到局里时在领导层算是年轻的,不久后陆续调入许多"新人",他们就都比我年轻些。

我自认为做事情相当认真,无论干什么工作,要做就尽力做好。政府行政管理部门管理着当时上海所有的高校,肯定与一所大学的管理部门有很大不同,摊子更大,情况更复杂。很多具体情况是我到了高等教育局之后才

◉ 1992 年 9 月 30 日，与徐匡迪在上海市国庆招待会上

◉ 1992 年 5 月，随上海市副市长谢丽娟访问加拿大，拜访中国驻加拿大多伦多总领事

慢慢了解、熟悉的。

上海的高等教育界非常复杂。从财政拨款分类而言,有国家办的大学,如复旦大学、上海交通大学、同济大学、华东师范大学、华东理工大学和上海外国语大学,以上6所称为国家教委直属院校;还有中央各部委办的部属院校和上海市办的市属院校。从学校类型和层次来分,又存在综合性大学和一般专业性大学的区别,还有高等专科职业学校等。上海市范围共有52所大学,每所高校的具体情况都不同,分系统、分层级、分类型、分大小,财政和人事各有不同的主管部门。但所有这52所高校的具体教育业务管理又都归属高等教育局统一管理和指导,所以,高等教育局本身的体制管理非常复杂。当时正值改革开放大胆探索推进时期,管理体制和各项工作都和高等教育改革紧密相联。具体的招生分配和教务科研等工作,相对比较务实。

我在上海市高等教育局的工作基本上分为两个阶段:1988年4月到1991年6月是第一阶段,我担任副局长;1991年6月到1995年4月是第二阶段,我担任常务副局长兼党组副书记,负责高等教育局的日常管理工作,

◎ 1990年3月18日,拜谒日本京都岚山周恩来总理题词碑

是上海市高等教育局的实际主管。因为当时正局长王生洪要兼任教育卫生办公室主任，基本上不在局里办公。我和几位副局长协调配合很好，由我负责 1991 年 6 月以后 4 年的上海市高等教育局日常运作工作。

我到高等教育局时，中国的改革开放已经进行了 10 年，正是思想比较活跃、高教深化改革的重要探索阶段。我在上海市高等教育局工作期间，尤其是 1991 年 6 月我实际主管局里工作后，几乎跑遍上海市所有高校，实地调研，了解情况。

如果说之前我还能"双肩挑"，但是自 20 世纪 80 年代中期我的科研成果越来越少，虽然我还没有完全放弃自己的欧洲一体化专业业务工作，而从 1988 年到 1995 年的这 7 年时间，我确实没有时间和精力再搞科研工作，一篇重磅文章也没有发表，期间出版的著作都是以前研究的最终成果，说句实话，此时即使由我领衔负责的课题最后成书，我最多也是做些审稿、定稿工作，具体写作任务都是复旦老同事的功劳。从这个角度来说，我在阅读调研、思考研究、学术提高等方面放弃相当多，觉得十分可惜。我还是自我督促、从严要求，希望自己不能完全脱离学术界，这 7 年间几乎国内和国际重大的有关欧洲问题的学术活动，我尽可能挤出时间争取参加，中国欧盟研究会等组织的主要活动，我还是参与策划、提出意见，并积极参加会议。高等教育局的工作肯定是我主要精力所在，我也越来越习惯这个岗位。

到上海市高等教育局工作以后，我还是原来的伍贻康，个性性格没有很大的变化。我到上海市高等教育局工作要比我到复旦大学上班近得多，从家中出发，走路到局里也就一刻钟时间。过去几十年我一直在复旦大学和市区住家来回奔波，骑自行车来回就得两个小时。后一阶段我到校部工作，实在感觉劳累时会坐复旦大学的校车上班，稍微走点路在市区固定几个地点就可以乘坐。我到上海市高等教育局之后，为方便我工作配置了专车，但凡是在局里上下班我都选择自己走路，因为就一刻钟的路用汽车接送，我觉得不好意思，而且我家周围停车也不是很方便。只有要到外单位调研或是去市里开会，我才会坐局里的汽车。因为各高校在全上海分布很散，很多都在郊区，相隔实在太远。对我来说，当时尽管有部专车，但是我好像并没有看重这类事情。我后来转到上海社会科学院工作时没有专车,我也并不在意。

我自认为领导干部工作责任更大,不能自以为是,更不能满足个人贪欲。我在3个单位当领导时从来不管钱财事务。自己活动的报销也基本上都是由办公室替我安排。工资给我多少钱就是多少钱,我不会向组织多要多占多拿。在我正式转到上海市高等教育局工作时,财务对我说:"伍局长,你从复旦大学转过来,教授的工资高于副局长的工资,根据组织部规定'就高不就低',所以你还是拿复旦大学教授的工资。"我说:"好,你们按规定发我工资,都按规则办事。"其后我就一直拿大学教授级工资。到了20世纪90年代以后,行政级别的工资提升越来越快,而大学教授的工资提升得相对慢多了。我转到上海社会科学院工作时虽然是正局级干部,但一直拿着大学教授的工资,似乎不再"就高不就低",我也没有在意。现在大学教授的工资要比局级干部低,每月的差距近2 000元。

1992年上海市高等教育局接市里要求,开始给我分公房,房子在淮海路、高安路路口,大概90多平方米。后来需要交公时,我连自己老家襄阳路的房子也交了公,那时我没有私房的概念。很多人说我伍贻康是傻瓜,不仅工资吃亏了,而且我连长辈留下的房子也傻乎乎地上交了。1992年,为了装修那套公房,几乎把我们夫妇两人所有的积蓄全部花光,才勉勉强强装修完工。从这一点可以看出,我们这些大学教授,辛辛苦苦为国家、为社会干了三四十年,所有积蓄在装修房子时一下子就用完,工资收入真是不高。我对生活的要求是比较简朴的,丝毫没有追名逐利之心。

7年的上海市高等教育局工作,对我来说是一个很好的学习、锻炼的机会。行政机关与大学的性质、职能大不相同,我经受住考验,力求凭党性、凭事业心干事,尤其在主持局务工作以后,注意不搞小圈子,不任人唯亲,对同志不摆架子,平易近人,性格开朗,为人正派,能尽力处理好上下左右的关系,团结全局同志努力做好本职工作,积极完成上级交办的任务。

在改革开放快速发展时期,我经历了高等教育的重大转折,为上海高等教育深化改革做了一些事情,也留下一些历史痕迹。我主要是在高教办学体制改革和高校师资队伍建设两个方面做出一些比较务实性、建设性的改革工作。

探索实践高校体制改革

1. 大学校长负责制的探索

上海市高等教育办学体制改革，我主要参与了其中的大学校长负责制的探索。这是我来高等教育局之后第一个重点参与的工作。

上海是一座开明、进步的城市，关于大学校长负责制怎么进行改革，我们都没有经验，故而做了些探索性的工作。开始时，我们确定以华东理工大学作为试点，明确大学校长是第一把手，而党委书记主管党务工作，为校长负责制扫清道路，主抓宣传政治思想和进行各种人事安排。这个决定是很大胆的，在实践中也碰到很多困难，主要涉及在校长负责制下如何充分尊重党委领导和党委书记。我们为此多次调查研究，写报告向上级汇报改革进程，花费很多时间。但很快这个探索方向就被否定了。

大概半年多以后，我们的思想慢慢明确，改革的方向应该是党委领导下的校长负责制。校长负责制和党委领导下的校长负责制是截然不同的。我们与很多上海高校开会商讨，对党委领导下的校长负责制怎么开展工作征询意见、做了些试探。集思广益的意见是，学校党委要强调集体领导，校长要对学校具体工作的开展负责。党委领导下的校长负责制，也避免了由校长全权主持工作，防止削弱党委领导和出现个人霸道的现象。

在实际工作中，党委书记名义上是第一把手，但有些高校若校长的知名度高，想干事又会要权、用权，他在这所大学里的权威、地位就会超过党委书记，那么他就是一把手。以此情形，如果党委书记性格比较随和，不那么较真，他会觉得只要参与讨论就没什么重大问题，只要是为了学校发展有利最后都可以同意，这样也就不会出现矛盾。但更多的时候，大学校长比较霸道，与党委书记又水火不相容，这样的高校很多实际工作就很难开展。下属教职员工对于党委领导下的校长负责制怎么开展工作也有各自的理解，今天这件事情汇报给校长,党委书记会说我怎么不知道;反过来,把这件事情向党委书记汇报,校长也会责怪下属。一件事情到底听谁的,下属往往无所适从。

有些大学的情况很复杂。党委书记在学术职称上连教授都不是,就是一个副教授或者讲师,因为政治思想觉悟比较高就提拔上来;或者有些党委书记上几节政治课,写两篇文章一发表,都可以授予教授的头衔被提拔上来。说老实话,管理那么大的一所高校,学术业务的精通,教学实践的经验,有时恰恰是某些党委书记有所欠缺的。所以,必须要尊重知识分子,要找真正有才学的人提拔到领导岗位。另外,校长和党委书记也要做到相互尊重,这是我对这个问题的一点体会。

在1990年后,校长负责制几乎完全不再提了,党委领导下的校长负责制也很少再提起,统一改成高校要加强党的统一领导,强调党委的领导,不再讲校长负责。确实,党委领导下的校长负责制很难真正准确落实。什么叫做党委领导下的校长负责制? 到底是党委领导,党委书记负责,还是校长负责? 这样的政策名称和制度设计最终会变成一件讲不清楚的事情,所以,后来逐渐不再提校长负责,而是强调党的统一领导,由党委书记当第一负责人。实际上大部分情况下,上海市的大学校长只要是共产党员,基本上大多同时兼任党委副书记,有的校长甚至是党委第一副书记。此时校长作为行政管理部门的第一把手,才可以保证党委集体决策在行政管理和教学科研发展上较好地执行。

2. 与中央部委直属高校实行"共建"工作

1992年,中央部委开始在全国范围推行高校"共建"体制改革,中央在上海点名复旦大学、上海交通大学、上海外国语大学3个国家教委直属院校作为试点推行。在此之前,上海6所国家教委直属高校都是由中央拨给经费,上海高等教育局、教育卫生办公室只管一些具体事务,如教学改革、高考招生和毕业分配以及师资培养等。所谓"共建",就是中央要求上海市政府开始对这些部属高校分担一部分经费。"共建"政策并没有明确规定地方需要承担多少经费拨款,经费的支持比例是可以浮动的。有些地方财政情况好些,拨给的经费就多一些;有些地方财政不充裕,拨给的经费就少一些。当然,上海实行"共建"对相关高校是很有利的。实行"共建"之后,对于上海市"共建"高校而言,在经费方面开源了,不像以前只能到国家教委申请经费,不管是基建项目,还是科研项目,皆可从上海市人民政府直接申请和审批经费。"共建"体制改革主要是为高校发展开拓财源。

第一批 3 所试点高校开始"共建"后,"共建"范围慢慢扩大,6 所部属高校相继都"共建"。中央其他部的部属院校相继开始"共建",有的干脆就下放给地方管理。因为当时很多中央部委的经费很紧张,确实管理起来越来越吃力,而上海市经济实力强,干部管理能力也强,同时上海市也有发展的需要,所以,到了 1992 年、1993 年,上海市所有部属高校基本上都下放给地方管理。举个例子,上海对外经贸大学原来是外贸部办的,上海是不出钱的。1992 年国家探索外贸转制改革时,上海对外经贸大学作为试点被彻底下放,全部归上海市人民政府管理。我们在上海对外经贸大学调查、听取意见,考虑很多方面的问题,希望探讨一套中央部属高校下放上海的典型经验。又如,上海财经大学原来属于财政部,在"共建"以后慢慢变成地方财力支持更多,在管理上也是地方政府更多负责。

上海推行的高校"共建"体制改革工作,我原则上都参与了,有一些我会直接参与负责,还有一些是我在最后会议上参与统一做决定。因为上海的高校实在不少,我个人的精力也有限,并不是所有高校改革我都直接参与的。

3. 民办高校工作

推动建立民办高校是我在上海市高等教育局诸多工作中花费精力较多、且自认为比较有亮点和成绩的一项工作。

自 20 世纪 90 年代开始,由于国外有很多私立大学,很多大学教授和企业家留学、访学归国之后,开始倡议中国也要办自己的民办高校。真正首先落实的是由 3 所大学——清华大学、北京大学和上海交通大学——一些教授共同发起成立的一所民办大学。这所大学起名为"杉达"大学,是取了"三大"的谐音。

当时,这批教授商议后觉得在上海办学可能环境比较好,随即物色了上海交通大学校长助理袁济(上海杉达学院的主要创办者和实际负责人之一)来具体筹备这项工作。袁济当时比我大两三岁,人很实干,精力也很充沛。他又请知名人士、曾任新华社香港分社社长的李储文出任校董事长。李储文是著名国际社会活动家,历任上海市政协常委、第三届全国人大代表、第七届全国政协委员,我同他的私人接触也相当多。他为人非常平和,是学识和人品上乘的资深党员领导干部,曾在香港工作多年,人际关系相当好。袁济把李储文请来也是想争取香港资金投入杉达大学。

◎ 1992 年参与杉达大学的创办;右五为校董事长李储文,右六为名誉校长古胜祥,左三为袁济,左五为我

杉达大学正式向上海市高等教育局申请要在上海创建民办高校,一方面有清华、北大和上海交大教授的大力支持,在人才引进方面没有问题;另一方面通过李储文的关系,陆续有香港知名的资本家愿意投资办学,资金瓶颈能够得以解决。我当时主持局务,分管民办高校事务,会同市教育卫生办公室的领导,给予大力支持推动。1992 年 7 月,上海市正式批准民办杉达

学院成立,杉达学院也成为全国第一所全日制普通民办高校。他们申请时本来叫杉达大学,我们批准的是杉达学院,一开始只限招高专职业类专业。考虑到学校筹办时已经使用"杉达大学"的名称,这时再改为"杉达学院",不仅拗口,而且不利于引入香港资本,所以,我们明确允许他们可以自称"杉达大学"。几经周折,积极协助,我们在浦东新区金桥附近划出一块土地,让他们投资造楼。金桥那时不比现在,交通还是很不方便的。为了方便教师和学生出行,港商出资购买了几辆大巴、中巴和小汽车用于接送教职工。很快杉达学院就颇具规模。杉达学院具有标志性意义,它成为国家批准民办高校的起点。

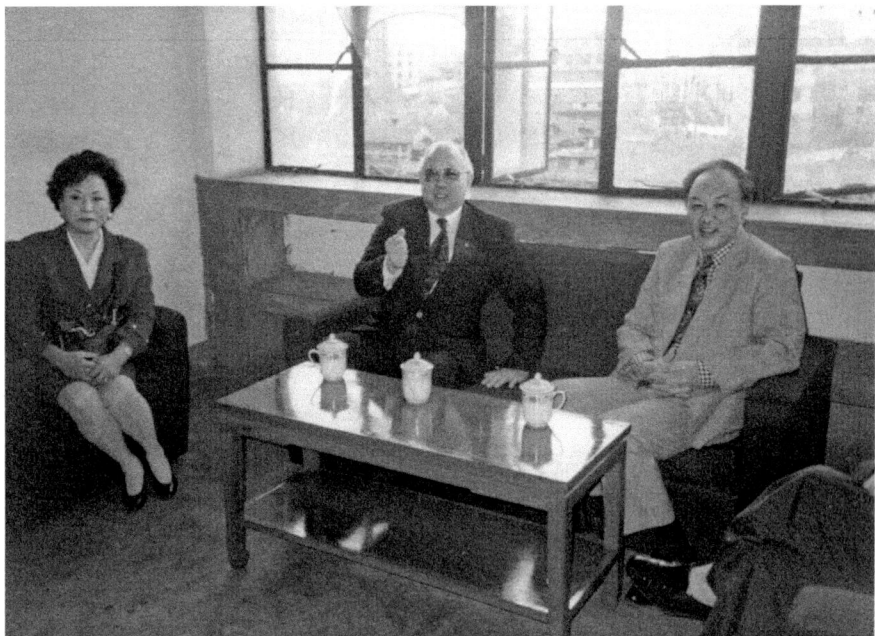

◎ 接待支持创办杉达大学的香港商会会长古胜祥夫妇

　　杉达学院宣布成立之后,上海市高等教育局陆续收到 20 份申请书,都想创建民办高校。上级领导将这项工作交由我具体负责,我在高等教育局挑选了几个人,带领他们专门负责此项工作。1993 年 4 月至 5 月,我们集中受理了 20 多家民办高校申请。其中有几家还是复旦大学教授出面申请的,有年龄比我大、同我私交很好的资深教授来拜托我,也有一些与我同辈的教授打电话过来,说:"老伍啊,这方面你一定要帮帮忙。"但是开办一所高校事关重大,绝对不能马虎,我对此一切严格按照规矩和标准办事。

我的工作方式是尽量将复杂的、新鲜的事情变得有序化、规则化。我们严格要求民办高校一开始绝对不可以办本科以上的高等教育,研究生层次更不考虑。在试验开办阶段,不可能允许一开始就办本科以上民办高校,即使所谓"有资格"、"有条件"也不审核,这样在 20 多家申请中一下子就删掉一大部分,其中就包括与我"打招呼"的几份申请。在民办专科学校的诸多申请中,我也提出应有试办、筹建环节,即:要考察两至三年后并需通过最终评审。所以,民办高校不是一蹴而就的,而是要经过我们非常慎重的考察研究,才能最终正式批准建成。在试办、筹建过程中,我们要经常听取汇报,尤其要重点考察整个学校的师资配备和招生入学情况,这些工作全部纳入上海市高等教育局的管理考察中。

我在多方征询之后,草拟了相关多份文件,最后正式通过为《上海市民办高校设置条例》,力图使民办高校从起步就法制化。另外,在审批方面也建立了上海民办高校设置审议委员会,我担任委员会主任。《上海市民办高校设置条例》和上海民办高校设置审议委员会的确立,让原本杂乱无章的民办高校申请变得比较有序化、制度化和规范化。我们与校址出租人、出资人或者申办人、办学具体负责人开展充分的交流、严格的审核,也会有再商讨的要求,认真、负责地把民办高校这件新生事物做得稳妥。

开始上级领导的意见是可以率先试办 5 所民办高校,但是在 20 多家申请中反复考察,最后有 6 家不分伯仲、难作取舍。我根据实际情况向相关市领导汇报,希望能够争取 6 个名额,最终上级同意了我的申请。1993 年7 月,我们在正式会议上宣布批准 6 所学校筹建,即东海、济光、中桥、东方文化、中华侨光、申大,再加上之前的杉达,也就是说,当时第一批有 7 所民办高校在上海市获得批准,这在全国是领先的。

我这里简要介绍一下这 6 所学校的情况。有的是教师合作出资办学,例如,东海就是由 3 位教师拿出自己的积蓄加上银行的个人贷款办学,校舍也是租的；济光主要是以同济大学的教授为主，重点培养建筑专业，搞建筑在当时比较有钱，同济的一批教师拉了一些建筑商来资助；中桥实际上就是两位教授开创的，一位是上海外国语大学的教师，另一位来自华东师范大学，两位教授利用自己同企业家的关系筹资办学；东方文化更偏重社会科学类；中华侨光是与华侨有关系；申大本就是一个企业的名称，申办人阎明光是名人阎宝航之后，当时担任上海阎宝航社会公益基金会荣誉理事长、首席执行官。

为什么批准这6所学校呢？虽然每所学校有不同的集资背景和办学条件，但主要是这6所学校的申请条件比较成熟，准备工作扎实，符合我们的申请。当然如果当时一定要求这些学校的办学条件要像公办大学一样、要达到国家大专一级办学条件，连同杉达在内的这7所学校中的一所也达不到要求。所以，经过领导批准，我们允许这6所学校先办自学助考学习班，以此作为办学起点，继而再逐渐发展开办大专班。我考虑这是顺应形势需要，创造条件逐渐成熟。

现在这7所学校大部分还存在，但是它们所走的道路各有不同。发展最好的是东海，尽管它是3位名不见经传的普通高校数学教师创办起来的，但是他们非常认真负责。我同这3位老师开过几次会之后，觉得他们虽然还不是什么校长、院长级干部，只是普通的教研室主任，但是我认可他们的办学精神和能力，结果他们也确实做得很好。现在东海职业技术学院在华东师范大学闵行校区附近，办得很好。我退休以后，东海还请我做校务顾问。我原来并不认识校长曹助我教授，后来我们成了好朋友。

也有令人遗憾的，东方文化因为发生内讧，最后结局很糟糕；申大也是一个失败的案例。阎明光是名人之后，是企业家，办企业、搞公关确实很能干，因为其父亲的关系，她是大陆能见到张学良的少数几人之一。但是她的不利条件是在办学方面缺少高校管理经验，所以她请了两位上海交通大学的教授协助。我们在一起会面过一次，我事后就同阎明光说："这两个人好像不是那么诚恳、踏实的人，请要注意一点。"当时阎明光的申大在资产和办学条件超出其他几所申办学校，通过了综合考评，得到了创办资格。但是后来申大由于内讧打起官司，和东方文化一样最终倒闭。

总的来说,从 1991 年底至 1992 年 7 月,上海市高等教育局批准了杉达大学建校;到 1993 年 7 月,又批准了 6 所学校建校,上海市民办高校的体制改革就这样拉开序幕。自此民办高校在上海越办越多,日渐兴旺发达。

4. 国际合作办学

国际合作办学,应该说是中国高等学校体制改革的成功探索,其中也经历了不少曲折。我是较早的见证人和实践者。

所谓国际合作办学,就是由外国个人或者外国学校、基金会申请在上海办学。我在任时对此做了初步探索。当时上海市高等教育局大概受理了不下 10 起申请,但是大部分都没能深入探讨,因为与我国设定的原则标准差距太大,根本没有落实的可能,直接给予否定。确实与中国国情不符的,办学口气实在太大的,我们原则上都不予同意。我在主管期间批准了多所国际合作办学申请,都是二级学院或非学历教育。例如,现在还在办的上海师范大学悉尼学院,作为上海师范大学的一个国际二级学院合作办学,办得很不错。我们原则上不予审批独资要求一级办学的申请。

在探索多元办学体制的过程中,我们的调研工作十分审慎。当时华裔美国人田树培博士是私立加勒比美国大学校长,欲在上海办学,他直接向当时的上海市领导提出申请,领导转批由我处理。他把相关资料寄到我的办公室,从资料上看,私立加勒比美国大学有相当规模和实力。田校长为人热情,邀请我们赴美实地考察,我和外事处长两人最终决定应邀前去调查访问。我们先在佛罗里达学校总部考察探讨,又深入实地考察了位于加勒比海西印度群岛中蒙塞拉特岛上的该校医学院。我们认为这个学校已经办了14 年,以医科为主,且是以盈利为目的的注册私立大学,办得相当成功,也非常规范。田校长宣称自己有 1 亿多美元的资产,当时是相当可观的。但是我们在深入接触之后了解得知,他不仅要求独资办学,还坚持要做校长。如果仅仅是独资办学的问题,我们可以讨论;但是他坚持自己一定要做校长,我们没办法答应。我向上级请示后,决定同意他出任校董会董事长,并可以派人来担任副校长,但是校长(即负责实际校务管理者)必须是中国人。在这一点上我们最终无法达成一致。

◎ 1993 年 2 月，考察美国的民办大学；左一为私立加勒比美国大学校长田树培博士

　　还有一件我印象比较深的是原圣约翰大学校友会的复校申请。圣约翰大学简称圣约翰、约大，创办于 1879 年，初名"圣约翰书院"，1881 年开始完全用英语教学，是中国首所全英语授课的大学。圣约翰大学是当时上海乃至全中国的优秀大学之一，也是在华办学时间最长的一所教会学校。在圣约翰大学 73 年的办学历程中，享有"东方哈佛"、"外交人才的养成所"等盛名，曾培育出顾维钧、宋子文、颜福庆、严家淦、刘鸿生、林语堂、潘序伦、邹韬奋、荣毅仁、经叔平、贝聿铭、张爱玲、周有光等一大批声名显赫的校友，成为中国教育史的传奇。我国不少地下党出身的外交家也毕业于该校。1952 年全国高校院系调整时，圣约翰大学被停办，其院系分别并入华东师范大学、复旦大学、同济大学、交通大学、上海第二医学院、上海财政经济学院、华东政法学院，校址划归华东政法学院。1993 年在荣毅仁支持下，由经叔平代表该校友会出面申请复校，并称圣约翰校友会拥有大笔资金可供复校使用，可办成一所很有规模的高校。我花了很大精力研究和主持这项申请审议工作，并同该校友会几位知名的教授、企业家进行会谈。他们一开始提出

恢复办学,我们一口拒绝,因为外国教会学校在上海作为民办学校恢复是不可能的。虽然说美国的圣约翰校友会经过多年友人捐款、积累钱财相当多,但它毕竟是一所教会大学,在当时的国情下不允许复校。通过研究考虑,我们认为圣约翰可以同上海某所高校一起"嫁接"合办,综合考量下来,认为上海对外经贸大学最为适合。如前文所述,该校从外贸部下放给上海,当时上海有权管理支配。该校的特色又与培养外语、外贸、外经人才密切关联。我们考虑以上海对外经贸大学为基础,适当调整专业,让圣约翰校友会作为一个投资方加入,可以参与办学事务。本来我们预备借上海外贸大学的"壳",既尊重圣约翰校友会的某些要求,又给学校资金方面的融通。后来,我们甚至提出"民办公助"的国际合作办学模式,就是我们接受圣约翰校友会的资金,可以算民办,但上海市政府出资作为公办一方主导办学,明确绝对不能实现复校。最终圣约翰大学校友会放弃了申请复校,上海对外经贸大学也就此转变成一所普通的上海地方院校。

5. 专升本工作

在专科升本科这个问题上,我们工作中碰到很多问题。我调到上海市高等教育局的第二年,就有很多前来报批的专升本情况。一些优秀的专科

⊙ 1991 年 12 月 7 日,在高校毕业分配工作研讨会上发言;左为上海市计划委员会副主任华建敏

生想要升本科，学校方面同意，就报到上海市高等教育局申请给予学历。我非常抵制高校中的升级、升格风，认为不管这些专科生再优秀，他学习的内容是专科的内容，原来专科是三年制毕业，甚至有的是两年制毕业，现在只是因为他在专科学习的学业优秀就直接给他转升四年制的本科学历，这在教育目标、教学体系上存在问题，是行不通的。

1991 年，我代表上海市高等教育局到广州参加教育部召开的关于高校管理体制改革的会议，我就专科学校教育培养目标和教学体系结构安排的特色及其与本科的关系做了一个发言。我认为，专科就是要培养职业技术实用性人才，本科是培养基础性人才，研究生是培养某些学科或学术领域的专业性人才。所以，专科、本科、研究生之间在培养目标和专业要求以及教学设置等方面是有差别的。我们国家实现现代化，非常需要各种不同类型、动手操作能力强的工匠型人才。我也研究过一些材料，了解到德国的专业技术职业教育学校办得极其出色，基于对德国某些教育体系的了解，我对这个问题的认识一直坚持，专科与本科之间没有上下、高低、优劣之分，只有培养目标、专业分工和教学体系的要求差别。绝对不是说本科、研究生就高人一等，大专生就低人一等，这是我国教育体制在观念上存在的一个问题。高专学校定为副局级，本科院校是正局级，以行政级别核定学校身份的高低，这是个错误的概念和做法。我觉得无论专科、本科还是研究生，都应注重培养目标和要求，不应该只想着升级、升格。不能搞专科办学院，并不是否定或贬低专科职业技术教育之意。学院就是学院，不能也不必随随便便就改名为大学。当时有几所办得好的学院想升格为大学，大家讨论下来都没有同意。进入 21 世纪以来，大部分学院都升成大学，而近几年又宣布原来学院升大学的要求回归，要求大力加强职业技术人才的培养。这种折腾也证明我当时的思考认识是符合中国现代化教育事业发展要求的。

6. 高校合并工作

我在上海市高等教育局工作后期，按上级指示，已经开始搞高校扩招、建大学城和并校工作。前两项工作我并未参与，并校工作我亲自抓过两所。

一个是复旦大学和上海第二医科大学(简称"二医")合并的问题。当时复旦大学要求办医科学院,向上海市提出申请。领导让我调研复旦大学和二医合并的可能性。我在二医和复旦大学开了一些座谈会,同时还调查了国外知名大学的相关情况。其实不少知名大学不一定都有医科,但上海现在几所知名大学都想办医科,如复旦大学、上海交通大学、同济大学现在全都有医科。经过多方谈判,二医最后同意可以作为复旦大学的医学院,但同时要求保留"上海第二医科大学"的名称,即一套班子、两块牌子。他们觉得,二医的知名度在当时也相当高,并不愿意"沦落"成复旦大学的一个学院。我实事求是地写了报告,讲明情况,认为当时条件还不成熟,不宜强制合并。复旦大学确实缺个医学院,但还不到马上就办的时候,二医又非常坚持自己学校的相对独立性,所以,我当时认为没有必要强制性地"拉郎配",起码要尊重双方的意见,从长计议为好。当时复旦大学看中二医,是因为二医是由上海市建管,而上海第一医科大学是国家卫生部直属,当时还没下放"共建",当时复旦大学同卫生部谈并校更难以操作。我离开上海市高等教育局之后,卫生部资金越来越紧张,办医科大学的经费难以支持,而上海的财政条件较好,复旦大学知名度又高,同时强调要办医学院,于是就有了复旦大学和上海第一医科大学的合并。上海出了大量经费支持,改善教师待遇,而且上海第一医科大学在学理、病理方面更占优势,学科研究型更强,与复旦大学合并的条件似更为合适。当然这是后话。

再一个就是几所师范学校的合并问题。为了更好地改善师资力量和办学条件,华东师范大学曾经想和上海师范大学合并,后来被否定了。之后华东师范大学和幼儿师范学院先搞联合建设、联合办学,一步步走向合并。华东师范大学和上海技术师范学院的合并是我经办的。上海技术师范学院在奉贤区,主要培养专科的技术师资人才,规模也很大,校园建设漂亮。经过调查研究后,我认为它和华东师范大学合并之后可以资源共享、优势互补。经过协调商议,两校合并最终成功了。

关于高校合并问题,上级强调重视,我觉得有条件、有利于提高质量、合理的合并可以审慎、有选择地合并,但不能搞成合并风、扩校风、建新校区风。这不仅劳民伤财,还会留下后遗症。

在我离开上海市高等教育局之后，大学城建设出现了扩校风。很多学校不论是否有条件，都到松江、青浦、嘉定等地划块土地，建立新校区。有的学校校区很大，土地多年之后还没有使用完，把农村的土地大片征用却又有不少闲置在那里，作风未免有些官僚化、行政化。大学城扩招、扩办这种折腾，对学校的教师和学生来说利弊兼有，我觉得甚至可能是弊大于利。现在到一些学校的新校区，甚至是已经建办一二十年的新校区，校园还是缺乏人气，缺乏学术氛围，因为很多老师一上完课就回市区，只有少数年轻教师或者从外地调来的教师会住在新校区周围。教师来回交通不便，上课、上班所花时间过多，教学的积极性以及师生交流都会受束缚，教师和住校学生的接触、互动大大减少。我记得我在复旦大学读书时，晚上还会到老教授和助教家里串门请教，而现在师生互动少、学术活动难以开展。这些问题我觉得可能是我们在办学改革之路上走得太急、太快，形式表象性的东西多了些，深层次的质量注重不够，这是值得我们反思的。

我在上海市高等教育局任职，在办学和改革方面直接经手的工作主要就是这些。我觉得这段经历很有意义。有的成功了，做了一些开拓性、实验性工作，也有没做成的事情，我认为这都是深化高校体制改革、教育改革中的一些探索、一种试验。成功也好，挫折也罢，对我个人都是一段学习和工作经历，是丰富人生的难得机遇。

重视师资队伍建设

高校师资队伍建设问题与高教办学体制改革相比就没那么复杂了。

首先是职称问题。我到上海市高等教育局之后，文科的职称评审一直都是由我负责。关于文科教师的职称问题，当时积累的欠债非常多，尤其是经历了"文革"，很多教师四五十岁还是讲师，或者水平已经相当高、本应是教授的人还是副教授。时代造成的欠债既多又乱，我在负责这项工作后就暗自下决心改变这种窘状。我在职称规范化、制度化方面做了一些工作，确定 1 年申报评审 1 次。此后，我对一些学校放宽要求、去除限制。授权博士点、硕士点比较多的学校可以自行评审并授予教授资质,上海市高等教育局负责抽查和检查。一般高校,特别是一些专科学校和知名度还不高的地方学校仍然由上海市高等教育局统一管理,1 年申报评审 1 次。另外,重视破格评审,特别是可以在年龄或资历方面有所破格。但破格也有程序规定,必须要经过面试,按照不同学科,找各所高校的资深专家审核,一般组成 5 人评审小组,面试过关才得以完成。评审小组有时会发现一些突出的需要加强培养的人才。对破格评审也逐步规范化和制度化。

其次是倡导高校教师联聘制度。这个尝试是以前从未有过的。实行高校教师联聘制度之后,举例来说,华东师范大学可以聘请复旦大学的教师上课,上海交通大学的教师也可以被聘到华东理工大学教书。高校教师联聘制度是我在任时开始实施的,以前各所高校各管各的,我觉得既然有些高校人才欠缺,而其他学校有些教师水平高、工作量又不足,为什么不能在高校之间联聘呢? 教师可以主动请缨去其他学校联聘,一方面可以增加自己的收入,另一方面也可以人尽其用。

再次是表彰先进,树立标杆。我尤其重视对中青年教师的表彰活动和联谊交流,最初开展一些优秀中青年教师的联谊活动,后来又组织了上海高校中青年教师联谊会,使他们之间的交往、交流日益密切,更加活跃,互动更多。以此为基础,1994 年我们正式在全国首创主办了"上海十大高教精英"的评选活动。这一提名表彰形式在上海甚至是全国也是唯一的。从 1993 年下半年开始,我们从基层推选,最后评选出 10 位上海市高教精英。我们不仅开大会表彰奖励,还把他们的优秀事迹编辑出书广为宣传。事实证明,当时评出的教师都是各个学科中在学术方面出类拔萃、在政治方面十分拔尖的优秀人才,之后也发挥出更大的作用。这些表彰活动,在社会上塑造了优秀的大学教师形象和良好的尊师重教风气。

此外,我在高校师资培养过程中,狠抓教学和科研并重结合的考核办法。我在复旦大学任副教务长时就强调,一个好的教师必须有科研成果,否则对他的职称升级会有一定影响。当时复旦大学有相当一部分社会科学教师只会上课教书,一篇学术论文、一篇评论性文章都没有发表,当然情况千差万别，不能简单化、一概而论。我认为只会上课、不写文章应该是缺陷，强调大学教师要做科研工作；反过来，有些科研部门的学者不会上课，基础课或者专业课都不愿承担教学，这也是不利于学术水平提高。当时有些教师科研基本训练不够，缺乏系统学科基础和教学思路。我的个人体会是如果教过一两门课后，受到的基本训练要比自己埋头搞科研好得多。像我之前在复旦大学世界经济研究所就不是只搞科研，也比较善于教学，我先前在历史系就教过课，后来又在国政系甚至到外校兼课，比较会做学术和形势报告。

培养年轻教师就要教学和科研并重、相互结合，这个思路是我从复旦大学到上海市高等教育局、再到上海社会科学院一直都坚持的。我在上海市高等教育局工作期间，抓文科教学科研时一直在各高校强调这一观点。对于一般的学校来说，一定要培养高校教师做科研、写文章的能力；对于一些专门的科研机构人员，也要有教学的实践和培养。

我还为改善离退休教师待遇做过一点贡献。1993年我通过调研了解到相当一部分复旦大学退休教师的待遇比较低，甚至某些知名学者，如朱伯康、蔡尚思、蒋学模等，退休后生活都不很宽裕。我为此特意找了一位新华社记者，在调研的基础上请他写了一个新华社内参，报送到中共中央政治局。上海市委接到批示，让我继续调查知名学者和骨干教师的待遇，并及时反映困难和问题，最终改善了离退休教师的生活待遇。

综上所述，我调任上海市高等教育局工作，既是学习，也是考验。在上海市高等教育局的7年多时间里，我始终没有忘记自己知识分子的本质和本分，始终没有放弃自己所钟爱的学术工作和学者身份。在行政工作中我注重调研，不是单纯开会，坐在办公室里听汇报，而是抽时间下基层调查研究，倾听不同意见，力争实事求是地解决实际问题；我能够以身作则，并鼓励局里的青年干部去高校兼职，下基层、干实事、解决实际问题。在为人处世方面，我能够做到平等待人，不时做些助人为乐、成人之美的好事，不会摆"官架子"，尽可能力求不讲套话、官话，不打官腔、官调。我内心还是怀念做一名知识分子，尤其是做一名教师。这种心态和追求是我与很多同事有所不同的一面。曾有人评价我"不像官，也像官"，我想"不像官"是指我始终没

◎ 1994 年 8 月，上海市高等教育局领导班子在浙江溪口的合影

有丢弃一名知识分子和教师的心态和风格，力所能及地挤出时间坚持对欧洲一体化作调研，在学术组织中坚持承担参与一些工作；"也像官"是指我利用官职确实办了几件有益于人民和社会的事情。

　　回顾我这 7 年"为官"生涯，使我对上海市级行政体制有局部的实际了解。20 世纪 80 年代后期到 90 年代上半期，上海的教育改革处于探索试验阶段，我作了一些有益的探索，干了一些利民的实事和好事。在我任职后期，"改革"的步子加大加快，某些教育市场化言行已有显露，稳妥审慎、探索试验少提少见，教改中问题日益增多，民众议论批评也增多。审视这 7 年的工作，我可以问心无愧。

八、 在上海社科院世经所站好 最后一班岗

来所心情的回顾

⊙ 1995 年 2 月 28 日，在上海市高等教育局撤销前夕留影纪念

1995 年上半年，上海市委、市政府决定将上海市高等教育局和上海市教育局合并组建上海市教育委员会，我的年龄已经面临退职调任或退居二线。不料，上海市委决定调我到上海社会科学院世界经济研究所任职。

说实话，我当时不想到上海社会科学院世界经济研究所，我觉得自己对学术研究很有兴趣，复旦大学的欧洲一体化研究基地是我创办的，在全国也起到领头和骨干作用，如果有可能的话，我希望能够回去。当时我也觉得上海社会科学院这个

学术单位对我来说比较陌生,不如回复旦大学更加顺手。市委领导研究后与我谈话,"既然你对业务很感兴趣,去上海社会科学院也可以重新做学术研究,而且回复旦大学也不一定能妥善安排"。经过几位领导反复谈话,最后我服从组织安排,怀着复杂的心情来到上海社会科学院世界经济研究所。

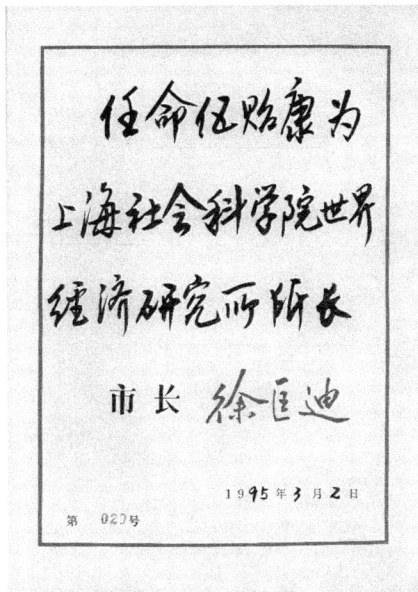

⊙ 1995 年 3 月,我被任命为上海社会科学院世界经济研究所所长

　　一个年近花甲的人转入一个新单位,酸甜苦辣尽有品尝,这是我又一次的人生挑战。但是重新回归学术界队伍又是我志愿所在。我当时的心态是站好人生驿站的最后一班岗。争取让世界经济研究所更上一层楼,带好队伍,培养好年青人;在做好管理工作之余,争取更多时间投入学术研究,从欧洲研究进一步扩大到世界经济尤其是全球化和一体化的理论探索研究。争取使得所务工作和学术工作更好结合、推进互补。尽管我到上海社科院后的大环境并不顺心,但在深入接触之后,世界经济研究所的小环境使我感到舒畅愉快。这里有一定的熟悉的业务活动空间,给了我工作的动力。可以说正是所里同事对我真诚的信任和热情的支持,他们的事业心和积极向上的精神感染了我,鞭策我一定要对得起所里全体同志的信任和支持。共产

党员、知识分子的良心和事业心，也要求我站好人生最后一班岗，督促我老老实实学习、认认真真做事。特别是 1995 年世界经济和国际关系正处于重要的转折关头，中国的改革开放也是从 1992 年开始大步前进，在这种情况下，我觉得在上海社会科学院世界经济研究所应该能够更好地为党和国家、为形势发展做出贡献。我也认识到世界经济研究所是很好的工作和学术平台，有广阔的学术活动空间。

我一生在 3 个单位工作过：复旦大学是我的母校，也是我学习和工作时间最长的单位；上海市高等教育局我干了 7 年；上海社会科学院世界经济研究所是我人生驿站的最后一岗。我在近 60 岁时调到上海社会科学院世界经济研究所，从 1995 年到 2001 年担任所长，在 2003 年 6 月正式办理退休手续，之后返聘继续在所里承担一些科研教学工作，迄今为止，我与上海社会科学院世界经济研究所的缘分已经持续了 24 年。

◎ 2000 年 9 月，在上海社会科学院世界经济研究所的所长办公室

回顾我在上海社会科学院世界经济研究所这 24 年的经历和感受，我在心底坦然地给自己做出鉴定，一个字"值"。这 24 年我活得值得，活得充实，

活得有滋有味有收获。这一切归功于世界经济研究所温暖宜人的环境、团结奋进、积极开拓的氛围。正是所里良好的环境氛围,正是老少同事们的榜样给我力量,使我不服老,督促我丝毫不能松弛,抓紧时间学习、学习、再学习。

我虽然在复旦大学世界经济研究所待过很多年,但是在20世纪八九十年代,行政事务工作花费了我很多时间,原有的科研教学业务虽然没有荒废,但是个人的学术成果少之又少,甚至在某种程度上可以说是中断了科研。上海社会科学院世界经济研究所给了我重新驰骋学术天地的大好机会,我又重新学理论、做项目、写论文、带学生、搞教学、写时评。我很惭愧,比不上很多同事学术的水平高、能力强,但对我自己而言,可以说已经重新焕发学术青春活力,让我感到自己活得充实、日子过得实在并且有意义。如果当时我继续留在教育行政部门工作,我将会在行政事务堆里度日;相比之下,在世界经济研究所的工作要自主、实在得多。学术是永远常青的,只要

◉ 1990年,与中国世界经济学会会长、中国社会科学院世界经济研究所所长浦山(右四)夫妇,以及学会多位副会长摄于浙江奉化

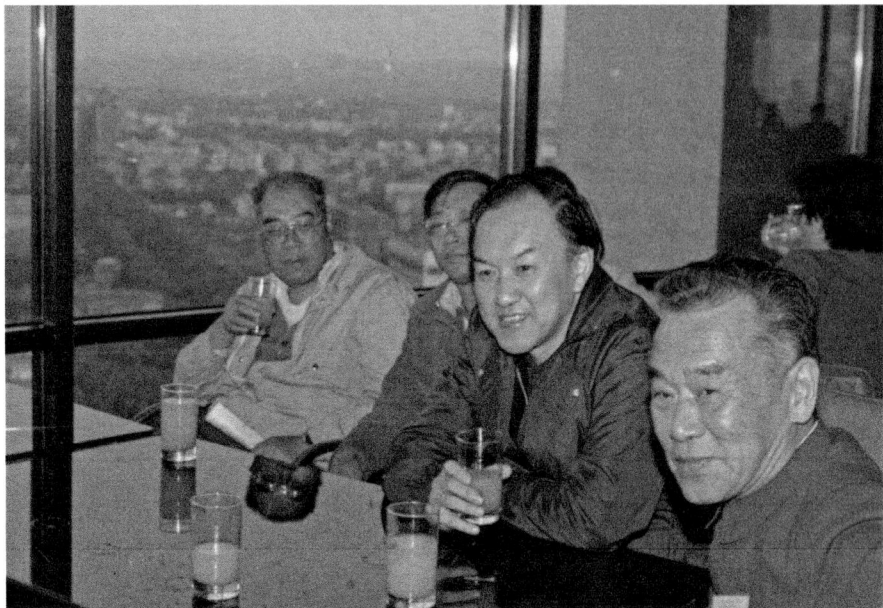

◉ 与中国世界经济学会会长、中国社会科学院世界经济研究所所长浦山（右一）、南开大学校长滕维藻教授（左一）摄于南京金陵饭店顶层转厅

你想投入，它永远会使你感到青春常在，这就是世界经济研究所多年工作给我带来的感受。我深感在上海社会科学院世界经济研究所的工作非常值得，这一切必须感谢世界经济研究所的环境氛围，感谢所里同事对我的信任、支持和帮助。

根据学科建设需要，研究室作相应调整

我到上海社会科学院世界经济研究所之后，经过近半年的调研和思考，无论从人员配备，还是客观形势发展需要来考察，我都认为所里的研究室组合结构必须作相应调整，需要突出和加强对金融、跨国公司领域的深入具体研究，所里才能紧跟形势需求、办出自己的特色，才能更快、更好地培养人才、研究问题。我在世界经济方面的知识和业务是在复旦大学学习的。复旦大学世界经济研究所在国内一直以地区、国别研究见长；中国社会科学院的国际问题研究也是重视地区、国别问题，按地区、国别建立了若干所。我

对世界经济做了全面了解和分析后深深感到,经济全球化是世界经济发展的崭新阶段,全球化的加速和深化发展,无论从根源来说,还是冲击影响来说,变化最剧烈的是金融、贸易、跨国公司、产业结构、要素流动这些领域,这是世界经济必须面对和需要深入研究的重大而崭新的课题。当时世界经济研究所也同各兄弟单位一样,研究室主要按地区、国别划分,因此,在调研和征询意见的基础上,经过慎重思考研究,我认为所里研究室的组合结构、研究人员的研究方向和力量分配需要作出必要的调整,要将研究室和人员重新打乱,按形势发展和学科建设的需要进行重新调整组合。

考虑所里人员结构的基础和现状,我们在不放弃美国、欧洲这样国别研究室的同时,新建跨国公司、金融研究室,加强原有的贸易研究室。同时我还宣布,研究室成员不是固定的,中青年科研骨干可以跨室参加活动,也就是说,室别和人员配置不那么固定,这将有利于应对形势任务的需求和更好发挥个人特长爱好。对中青年研究人员,我特别提出一专多能的研究方向,要求研究方向至少做到一主一辅,以适应客观形势变化的需要,拓宽专业基础,应对多元变革研究的要求。

当时我还提出"老带青、青跟老"的传帮带要求,也作了一定的具体部署。能够发挥特长的资深教授或中年骨干,要更好地发挥学科带头人的作用;对青年人则提出一专多能的发展方向,要给自己定出一个主攻方向,同时兼顾可能的发展需要,对自己的任务和喜爱的倾向可以作适当调整。比如,张幼文同志是一位优秀的学科带头人,为更好地帮带互助,我指定赵蓓文做张幼文的助手;赵蓓文通过自身努力,顺利完成硕博阶段,专业水平进步较快,现在已是世界经济研究所的副所长,这同她本人勤奋肯干分不开,也是"老带青、青跟老"政策的开花结果。

此外,我提出要求,鼓励中青年研究人员对研究生教学开设课程。科研和教学相结合,这是我一贯重视和强调的。参与教学工作对一个科研人员来说,是掌握学科系统性和条理性的重要培养方式,对其分析表达能力会有很大提升。我们必须要给青年人多锻炼、多实践的机会。

现在看来,当时这些调整在方向上是及时的、对路的,对所里的工作能够更好地适应形势发展需要、更好更快地使青年研究人员成长提高，还是有相当成效的。只是在某些方面，我的工作抓得还不够狠、不够具体、不够可持续，这是我的责任。

抓好经济全球化研究

世界经济是迅猛发展、急剧变化、错综复杂的研究对象，尤其是在 20 世纪的最后 20 年中，世界经济无论在深度还是广度，以及发展速度和质量各个方面都发生史无前例的大发展、大变革，令人眼花缭乱，出现许多新特点、新动向。怎么才能把握世界经济的脉搏走向，怎么才能理清世界经济的新矛盾和新问题，研究布局、研究结构、研究方法是否需要随着客观形势的变化进行相应的调整，这些都是我到世界经济研究所以后经常思考的问题。根据世界政治局势和经济发展的急速多变，我提出要抓紧、抓实、抓好经济全球化和经济一体化的深入研究。

⊙ 1997 年 12 月，在上海社会科学院主持学术研讨会

经济全球化是 20 世纪 80 年代中期国际学术界提出的一个全新概念。在这个崭新的学术领域，90 年代的中国仍然在探索中。我带领上海社会科学院世界经济研究所明确把经济全球化作为重点去突破，同时对世界经济一体化、区域经济一体化的概念进行重点研究。针对金融、贸易、投资等方向，配合经济全球化选课题、抓项目、出成果，以课题、项目的形式带出一批中青年人才，培养一批研究生。

经过几年努力，世界经济研

究所出版了一套共16册的"经济全球化论丛"。这套丛书包含我们研究团队一些国家、上海市重点课题中值得肯定的研究成果,还有一些比较好的博士论文,以及我和张幼文副所长在学术交流中觉得应该出书的研究,丛书中吸收外单位作者的图书也有6本。这套丛书出版后,在2000年7月获得上海市哲学社会科学优秀成果奖的著作一等奖。"经济全球化论丛"是经济全球化研究系列成果的集中展现,也是世界经济研究所共同努力的成果,获得学术界同仁广泛和高水准的评价。

⊙ 1998年6月,在北京大学欧洲研究中心作学术报告

我自己也将科研重点从欧洲一体化进一步扩大延伸至经济全球化、区域和世界经济一体化。2001年1月,我负责的国家哲学社会科学"九五"规划重点项目完成结项,项目成果《三足鼎立?全球竞争体系中的欧美亚太经济区》这一专著列入"经济全球化论丛",由上海社会科学院出版社出版。我特别在书名中"三足鼎立"后用了一个问号,实际上我的观点是这3个经济区是不对称、不平衡的。欧洲是领先的区域集团一体化,北美是一个自由贸易区,亚太经合组织只是一个松散的经济合作论坛,但是这3个经济区既有

地区的代表性，又有发达和发展中国家、新兴国家的层次代表性，兼具制度体制、机制运作探索的诸多特色。之后，我负责的上海市哲学社会科学"九五"规划重点项目也完成了，项目成果《世纪洪流：千年回合与经济全球化走向》这一专著列入上海社会科学院世界经济研究所编辑的"双赢论丛"中，由上海社会科学院出版社出版。

此外，我们还在自然科学专业领域中标了课题，我带领一批优秀的中青年学者和研究生一起完成。通过一系列论文、课题项目和著作成果，世界经济研究所在 20 世纪 90 年代后期到 21 世纪的头 10 年中，人才的培养和科研的成绩在上海地区学术界还是比较突出的。上海社会科学院世界经济研究所的地位和影响不断上升，张幼文副所长已经担任上海市世界经济学会的会长，我也成为全国世界经济学界、欧洲学界的学会主要领头人之一。

给研究生开设课程，指导他们写文章，自己带头做课题、立项目，抓丛书出版，我又重新焕发出盎然的学术生机，活跃在上海和全国的相关学术界。

探索研究生招生改革

在我主持所务工作的几年里，正是我国教育事业尤其是高校学生(包括研究生)扩招的时期，高校研究生的成倍增长，也带动科研机构研究生培养的迅速扩大。记得在 20 世纪 90 年代后期，世界经济所的硕博招生数成倍增长，尤其是报名人数急剧增多，如何选拔录取真正合格的优秀人才、保证招生质量的问题就提上议事日程。当时，上海社科院研究生部管得很紧、很死，录取主要依据笔试成绩，由高分到低分，严格按分数高低录取，面试和录取是等额的，基本只是按照程序走过场，要多招 1 个人或者高分者在面试阶段不被录取几乎是不可能的。我根据自己对高等教育管理的了解和经验，深刻认识到面试考察对评价对象的素质水平是极为重要的，绝非只是摆摆样子、走走过场、可有可无的程序，这是完成基层单位和导师自主招生的重要环节，是发挥和尊重导师作用的重要体现。为此，我在博士点招生工作中,非常重视面试,借此更直接、更准确地考核评价考生的个人素质和培养潜能,充分发挥和尊重导师的作用,加强集体评议和充分交流看法意见,使博士点招生质量尽可能得到保证。

在20世纪90年代最后几年的招生过程中,我们争取更多学生参加差额面试;争取不完全以死板的初试分数高低来评价对象,只要导师意见一致,笔试获得高分甚至名列第一名的,我主张照样可以坚决不录取;使面试成为考核录取的真正一个环节。如果某项分数不合格但全面衡量考核后认为比较突出、有培养潜质的学生也可争取破格录取。必要时我会亲自到上海市教委争取增加一个名额,以换取上海社科院研究生部同意。例如,世界经济研究所招收的博士生周洛华因家庭突发事件没有考好英语,但我之前接触过周洛华,知道他的业务根底和英语水平都很好,尤其是英语口语相当流利,出于对人才的爱护,我毫不避嫌地称赞他的才华,认为他有培养前途,为他争取到破格录取名额。周洛华后来在他的著作"前言"中感谢我:"由于伍教授的大力推荐,这才使我有了攻读博士研究生的机会。他对许多重大问题和事件的远见卓识、乐观豪迈的性格和宽厚仁慈的胸怀,总是感染着我去积极地尝试人生每一次机会。"

回想起当时为了争取这点所谓的灵活掌握的"自主权",我真不知费了多大的精力,花了多大的口舌。事后实践证明,世界经济研究所在博士点招生中的这些措施经得起检验,导师们的评判是有眼力的,对相关几个人的判断也是正确的。事隔几年后,媒体炒作北大哲学系博士招生是否应尊重导师意见、笔试高分是否一定要录取等问题。我联想上海社会科学院世界经济研究所早在几年前就已经实践了,只是我们的经验无人重视和总结。就此而论,踏踏实实、认认真真地进行改革,在基层中这种事例并不少,关键在于领导部门要会抓、要敢抓,这样改革就能更快、更好地推进。

开拓财源,为所谋福利

世界经济研究所是"吃皇粮"的全额财政拨款单位,收入不高,在当时可以说是个比高校还要清苦的单位。自 20 世纪 90 年代我国改革步伐逐步加大，一个重大措施是允许单位搞些创收、发点奖金，为员工谋福利，以弥补工资待遇过低之不足。我来到所里之后，作为第一把手，当然也要关心所里的创收财源问题。我们是科研单位，除去设法寻求承接横向课题之外，要创收并不容易。好在所里的前辈开创了一个稳定良好的财源，那就是创办上海远东资信评估公司。1988 年 3 月，由上海社会科学院世界经济研究所利用人才优势，投资组建我国第一家独立于银行系统的社会专业信用评级机构——上海远东资信评估公司（以下简称"远东资信"）。这是中国第一家社会专业资信评估机构。公司曾多次代表业界出席国际、国内高峰会议，参与国家和地方相关法规和部门规章的起草、修订、咨询等工作。2003 年 12 月，远东资信加入设在马尼拉亚洲开发银行总部、由 16 个各国会员组成的亚洲资信评估协会（ACRAA），成为中国大陆第一家获得会员资格的资信评级机构，并负责协会最佳实践委员会工作。远东资信既是相对独立经营，又是世界经济研究所的一部分，世界经济研究所是远东资信的主管单位，全面负责管理公司各项业务。当时远东资信每年上交约 10 万元给所里，这就是所里创收最大也最稳定的财源。

我到任后按惯例兼任远东资信的常务副董事长。董事长是上海社科院常务副院长姚锡棠，他比较信任我，放手要我全权负责公司工作，除大事向他汇报外，具体事务完全由我负责，他很少过问。远东资信当然也是上海第一家资信评估公司，有一定的名望和稳定的业务，按规定每年从盈利中上交 12 万元给院部，上交 10 万元给所里。当时公司规模不大，随着改革形势的发展，同类公司不断增多，市场竞争日益激烈，我与公司领导都感到有危机感：竞争激化，不进则退，绝不能稳坐钓鱼台、以为旱涝保收没问题。为拓展公司业务，为提高工作质量和信誉度，为维护远东资信的地位和影响，我们费尽心思，做出种种努力，想方设法把公司做好、做大、做强，这就是我们的目标。这里回忆的两件事情，对所里确保并增加财源是很关键的。

一是远东资信和沪银咨询公司的资信部门业务联合经营问题。在资信评估领域竞争激烈、形势看好的情况下，有的机构想吃掉我们，有的机构看中这一领域油水丰厚想拉拢我们。我对企业经营是外行,并无经验,主要依靠公司领导掌握情况、分析情势,但是我的地位和责任让我要决策拍板。关于远东资信与沪银咨询公司的资信部门业务联合经营这件事情,我多次参加公司内部的分析研究,单是与其他单位谈合作就经历了不少次。事关重大,生死攸关,败给竞争对手于心不甘,被别人吃掉更是可悲,对此实在不能掉以轻心。权衡再三,最后远东资信选择与沪银咨询公司的资信部门业务联合经营,并继续以上海远东资信评估公司的名义在上海、在全国进行市场经营。我认为这是一项重大决策,自此远东资信的业务开拓、经营扩大、蒸蒸日上,这一联合是关键。远东资信的兴盛发展,也确保所里创收财源的稳定增长。

二是远东资信做出企业改制、员工入股这一重大决策。这大概是我在离任所长前参与的最后一项重大决策。这项企业改制是否符合政策?如何改制才能更适合、更有利于远东资信的发展?企业改制应该如何操作,对所里的利益又应该如何维护?这些事项都不能含糊,大到政策是否正确,小到所里集体和员工个人能否利益最大化。就这些事情真不知研究商讨了多少次,我为此伤透了脑筋。决策后如何具体落实也绝非易事,要使大家了解、满意、支持还要做不少工作。担肩负责,把工作做细、做到家是我的原则。这件事办妥几年后,我就退休了。事实证明,远东资信的企业改制应该说成功有效,单位和员工入股分红有利于公司发展,有利于股份单位和员工个人得益,做到公私两利、皆大欢喜,使世界经济研究所增加财源,为大家谋取更好的福利。

淡化名利,给年轻人更多机会

我到世界经济研究所时已虚龄60岁。作为一所之长,我给自己立下规矩,就是对名利要淡化看待。当时,我的基本工资不高,但还有些绩效奖励等辅助性收入,我给自己定下规矩,不争奖、不受奖,尽可能把副所长、各研究室主任和有潜能的优秀青年人推上荣誉岗位,为他们创造条件。我的副手张幼文研究员后来在一篇文章中就写过："伍老师来了以后，什么奖他都不要，都推给年轻人。"我过去在复旦大学得过很多奖，有集体奖，也有个人奖，如上海市科研先进工作者、国际辩论会的荣誉等。我到世界经济研究所以后，不仅自己不主动争取，而且在很多情况下我都推脱。我明确同大家说："我在上海社会科学院立个规矩，就是年终奖我只拿二等奖。"我在上海社会科学院工作的几年间，每年年终都只拿二等奖，不要说特等奖，连一等奖我都不拿。我向所里的各级干部宣布："我既然来世界经济研究所担任所长、第一负责人，你们放心，一切责任我来承担，你们应该做的事情大胆去做，只要同我讲过的事情、我同意的事情，出了纰漏就是我的责任。"当然不一定事事要汇报，如果是我职责管理不当的问题，我也会承担责任。工作干好的功劳是大家一起创造的，但是各种荣誉、各种机会主要留给中青年同志。只要别人能做、也想做的工作，尽可能让给他们，以利众人共同成长。

当时所里很多人是研究实习员、助理研究员，还要努力争取晋升副研究员、研究员，必须要靠工作量、靠业绩，非常需要各种机会。在我来之前，世界经济研究所的博士生导师只有储葆一老所长和张幼文两位，我来所里后，根据我在复旦大学的资历和学术成就，很快批准我担任博士生导师。因为我在上海市高等教育局工作时，复旦大学经济学院推荐申请博士生导师，两次来征求我意见，要我做博士生导师、带研究生，我都推辞了，回复说自己家在市区，行政工作比较繁重。我进所后从1996年开始，基本上每年带1个博士生。我不带硕士生，因为我不要名也不要利，不需要积攒工作评分，所里能分配到的硕士生名额本来就不多，我把带硕士生的机会给更有需要的同事，给他们更多的工作机会。我对待所内同事能够注意更好、更多地用人之长，尊重合作者，调动更多人的积极性。因为教带学生，老师要对学生细心指导培养，但学生也可以做老师的学术助手帮点忙，我那时已经对名利看得很淡，要做什么事情都是自己动手，尽量不给别人添麻烦。因为我是博士生导师，就按照上海社科院的规定，每年带一个博士生，期间有一年没招，后一年就带了两个博士生算是补回来了。我在上海社会科学院世界经济研究所带的博士生名单如下：金芳（1996—1999年）、黄烨菁（1997—2000年）、

◎ 2000 年,上海社会科学院世界经济研究所研究生毕业时的留影

◎ 2003 年 6 月 68 岁退休时,与我的博士生聚会

⊙ 2015 年 7 月 80 岁寿辰时，与我的博士生聚会

钱运春（1998—2001 年）、滕泰（1999—2002 年）、张海冰（2001—2004 年）、杨逢珉（2001—2004 年）、陈艳（2003—2006 年）、梅俊杰（2002—2008 年）。

2001 年我已年过 65 岁，从世界经济研究所的领导岗位退下，继续在所里从事科研教学工作。2002 年年初，所里按照惯例召开年终总结会，并表彰先进。那天我正巧在解放日报社有个重要活动，未能参加所里的年终总结会。在吃晚饭时，时任所里副所长的黄仁伟看见我就悄悄地说，今天全所大会经无记名投票，一致评选我为"优秀"。这是个我根本没有想到的意外，不禁使我一怔，随后从心底涌上喜悦之情。晚餐后我回到家，一进门我就对爱人说："告诉你一件喜讯，请猜猜看。"她当然猜不着，我就非常喜悦地说："所里同志今天评我为'优秀'。"这个大礼使我惊喜和满足，我太高兴了！其实在我过去的工作经历中，曾多次获得表彰、拿到荣誉，直至上海市的先进，我在科研成果方面也多次得奖，直至全国奖项，我在家人面前从不如此宣扬，为什么我如此重视所里的这次表扬？因为我把这次在我缺席的情况下所里全体同志对我的表彰看作对我在所里 6 年工作的肯定，看作全所同志对我个人工作的信任和支持,这样的事怎么能不使我感动,让我无比感激呢?第二年我又得到了这样的表彰,随后的 2003 年 6 月我就正式退休了。

说实话,自来到世界经济研究所工作第一天起,我就对表彰和奖励看得很淡,到了这个年龄我根本不计较这些。在所长任上的 6 年中,每次年终奖励我能有二等奖这样一个普通的一般奖励对我来说就足够了,在这方面我已无所求。当我从领导岗位退下、在我缺席不在场的情况下,同志们出乎意料地给我这个评价,这对我在精神上当然是莫大的鼓励和安慰,我怎么能不激动和高兴!我在多种场合总是强调,我来所里工作感到小环境的温暖、舒坦,所里同志之间融洽、团结,给予我很大的力量支撑,这次对我的"优秀"表彰只是一个鲜明的例证。我非常珍惜这一点,感受到的友情、信任和支持,对我精神上是重要的"奖励",这也是我在上海社会科学院世界经济研究所工作感受到的真情和温暖。

我来上海社会科学院时近 60 岁,退休时是 67 岁,8 年的工作,对我业务能力的发挥提高,学术领域的进修扩展,以及我能够在上海和全国相关的学术界(中国世界经济学会、中国欧洲学会、上海欧洲学会、上海国际关系学会和上海国际战略研究会等几个学术团体)建立并扩大新的学术活动平台起到实在的推动、帮助作用。有幸我的一系列学术活动和成就,得到大家比较好的评价,这让我觉得人生的最后一班岗站得非常值得!我愉快、积极地度过人生中最后一段值得回忆和肯定的工作时光。

实际上在我离开工作岗位以后,迄今这十几年里我在世界经济研究所、在上海学术界,甚至在全国的世界经济研究学界和欧洲研究学界,我还能够继续参与并发挥一些作用,继续学到不少新知识,结识不少新朋友,中国欧洲学界几乎所有的重大会议都还邀请我,我也选择性地参加了不少。在自己身体、能力还可以承受和发挥的情况下,我还是非常积极、认真地去参加这些活动,始终保持自己对学术的热情和兴趣。

九、 治学心得，人生感悟

退休生活，退而不休

我在 2001 年 9 月卸任上海社会科学院世界经济所所长,对此我思想上早有准备。我当时已经 65 岁,作为正局级党员干部,这是规定,甚至早一两年退职,我也不会在乎。从工作实际出发,让更年轻的同志接任领导职位,对各项工作的开展只会更有益、更有可能取得新的突破。

卸职对我的个人生活影响并不大,除了对所务的政治责任心和工作压力有所解脱之外,其他似乎一切照常,在学术追求和责任上对我几乎没有什么影响,因为我还是所里的研究员,可以继续从事自己的科研工作,一切的学术活动、社会活动也都照旧。从另一个角度来讲,此时我反倒可以更加方便地在其他单位做些兼职,更加自由,能够承担一些其他单位希望我做的工作。

首先是一些民办高校的兼职工作。有几所学校都曾邀请我对他们的工作给予支持。例如,上海民办中侨学院在 1993 年经上海市高等教育局批准筹建,是一所现代化、规范化、国际化的全日制民办高等院校。2002 年4 月,经上海市人民政府批准、国家教育部备案,在中侨学院基础上成立了中侨职业技术学院,经教育部批准纳入国家统一招生计划,并具备独立颁发学历文凭的资格。这所学校开始创立时，是由几个完全没有政治背景甚至没有资产的教授负责，他们希望我也参与学校的管理决策，给予他们支持，我便欣然接受中侨学院校务委员会主任这个职务。在帮助和推动学校进一步规范化、提高学校声誉、提高教学质量、扩大学术层次和影响力方面，我帮助做了一些工作。此外，我还应聘担任上海市民办高校协会顾问等职。这些民办高校工作都是兼职，我日常的社会活动还是以学术为主体，即研究世界经济和欧洲问题。

从 2002 年起，我应邀到上海国际问题研究所，对加强"世界经济"研究做些实质工作。该研究所成立于1960 年，是隶属于上海市人民政府的高级研究机构和知名智库，主要任务如下：以服务党和政府决策为宗旨，以政策咨询为方向，通过对当代国际政治、经济、外交、安全的全方位研究，为党和政府决策提供智力支持；通过与国内外研究机构和专家学者的合作交流，增强我国的国际影响力和国际话语权，提升国家的软实力。当时上海国际问题研究所所领导一再邀请我，希望我能够过去工作，在世界经济领域为该所进一步打

⊙ 2002 年，参加学术研讨会

开局面、开拓一个平台。这个机构本来偏重国际关系和国际政治研究，我对他们的工作比较熟悉，所以，当他们希望我能够给予帮助时，我便答应兼任该所世界经济中心的主任。我不在乎职位高低，就是希望还能不断地培养人才，做一些课题，在研究上给予他们工作推动和帮助。上海国际问题研究所发展日益加快，如今升格为"上海国际问题研究院"，我也从世界经济中心主任后来改任该院学术顾问。

◉ 2002 年 7 月 15 日,摄于上海电视台演播室

　　从上海社会科学院世界经济研究所所长这个领导岗位退下来后,对我
而言最方便之处莫过于自己可以在学术界几个学会的工作上倾注更多精
力,投入更多时间,加强和扩大学术业务,参与更多研讨会和国内外交流活
动。我是全国欧洲学会的创立者之一,从担任秘书长到副会长长达 30 年。
我还长期兼任中国欧洲联盟研究会的副会长、会长。我为上海的欧洲研究发
展给予积极推动,使上海市欧洲学会成为中国欧洲研究界的重要基地,在全
国乃至国际交往交流中发挥越来越大的作用,对学术发展、人才培养都起到
良好的积极效果。退职后很多会议、事务压力都没有了,我在上海欧洲学会
会长任上参与了更具体的领导工作和学术安排。迄今为止,上海欧洲学会是
全国唯一具有实体单位并积极参与国内、国际学术交流活动的欧洲学术研讨
交流的地方学会。我在 70 多岁时,把这一工作移交给戴炳然教授负责。他做
了几年之后,我们又推荐徐明棋研究员担任会长,一直到现在。上海欧洲学
会目前挂靠在上海国际问题研究院,是上海市社会科学界联合会下的优秀学

会,有固定的办公地址(威海路 233 号 803 室),活动频繁,确实为欧洲相关问题学术研究和交流提供了一个很好的平台。但凡有重大的学术问题或重大的欧洲节日,我们都会开展相应的学术活动,进行报告和学术交流活动。全国学术界也都认可上海欧洲学会,认为我们的工作做得扎实,有学术资质,还有智库职能,能够这样延续 20 多年很不容易,在全国范围内也是仅此一家,影响很大。

2003 年 6 月,我正式办理退休手续,参加各项社会活动可以更加自由,也算标志着我的人生正式进入下一个阶段。国家社会科学基金重点项目"欧洲一体化:一种社会发展模式的探索实践"这个课题主要是在我退休之后承担并完成的,前前后后历时 5 年之久。这个课题是我在退休前申请,我并不知道何时会退休,因为当时延迟退休的情况不算少见,故而我当时就提交了申请。刚刚退休我得知课题中标,所以,我在退休以后把自己的精力更多放在完成这个国家级重点课题上。基于这个国家社会科学基金重点项目的重要性,其他的课题我一律不参加,也没有再去申请其他课题。在几个研究生的努力协助下,这个课题在 2008 年结项,最终成果是出版了专著《多元一体:欧洲区域共治模式探析》。

另外,我的其他学术活动一切照常,无论是欧洲研究、世界经济、国际关系和国际战略各个方面,我都兼任一些学会副会长或顾问的职务。随着岁月的流逝,我参加这些学术活动的频率逐渐缩减。

值得一提的是,2005 年欧盟委员会支持中国的欧洲研究项目第二期开始启动并落实,整个项目资助约 1 000 多万欧元。我积极参与项目落实工作,最终为上海社会科学院欧洲问题研究中心争取获得大笔经费资助,大概共计 200 多万元人民币。在当时的社会科学院系统,除了中国社会科学院能得到这样一笔经费,就是我们上海社会科学院,这在其他地方社会科学院根本难以想象。江苏省社会科学院当时也很想参与这个项目,最终被拒绝。这笔经费在人才交流方面,如博士研究生和硕士研究生进修,学者学术访问、学术交流和组织学术研讨会,以及购买书籍等各方面都给予很大的资助。当时上海社会科学院王荣华院长曾对我说过:"老伍啊,这是我们上海

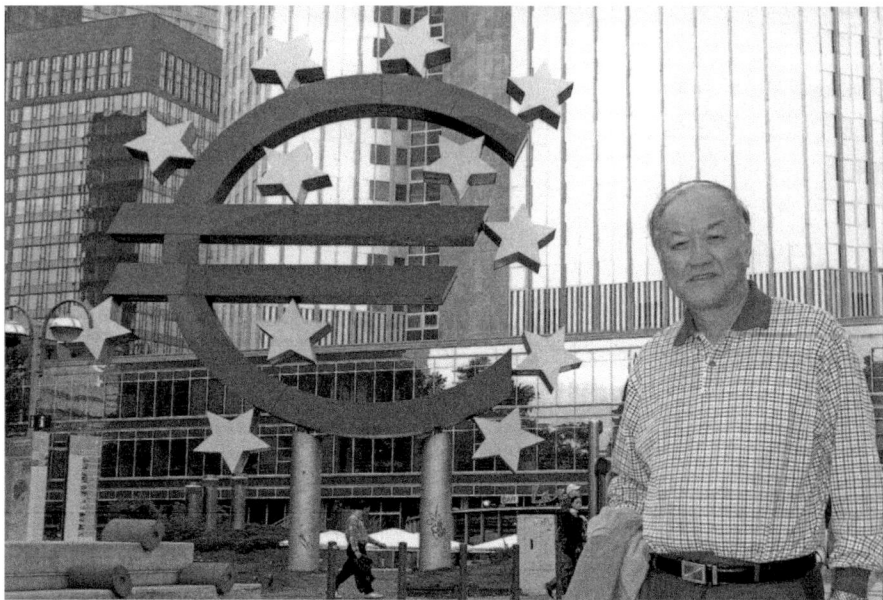

◉ 2007 年 11 月，在德国法兰克福欧盟中央银行广场

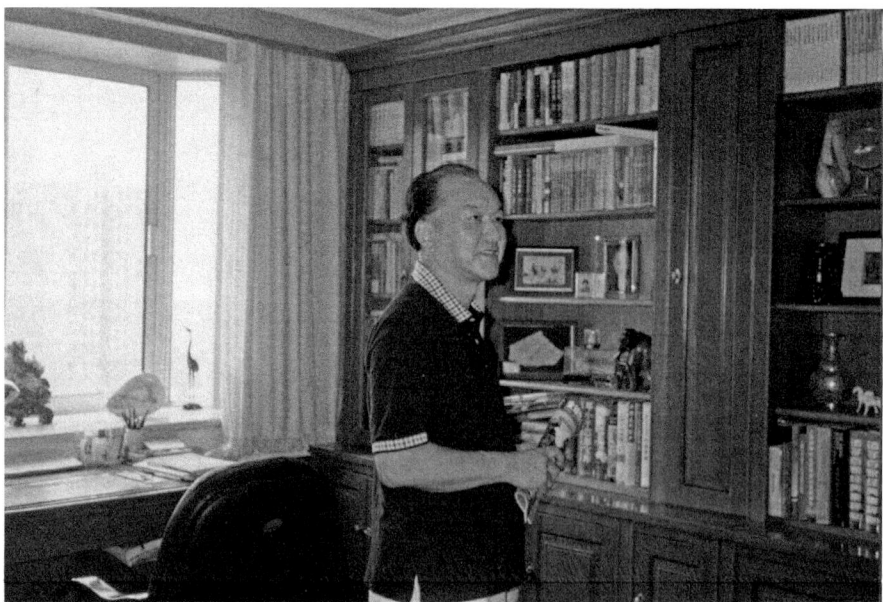

◉ 2001 年，摄于家中书房内

社会科学院得到国外资助的最大一笔。"

退休以后，我在学术工作方面，把主要精力用在对区域一体化和经济全球化的理论性思考上，写了几篇有理论分量的文章。国家社会科学基金重点项目实际上是我对自己几十年欧盟一体化研究进行的一次较为全面的总结性思考。因为正式退休了，我没有像一般教授做课题、写文章还要考虑积分、考核等方面的硬性指标要求，我的精力更加集中。刚刚退休那几年，基于对欧洲一体化问题的深入研究，我连续发表了一些文章。关于国家主权特征和欧洲联盟共享主权问题，欧洲一体化对欧洲国家之间经济政治实行协调整合的经验，欧洲一体化在欧盟实践中的特征和经验的总结，欧洲一体化的性质、作用、影响的总结，从软实力角度从对世界和其他区域发展的影响，以及怎样看待和评价欧盟区域共同治理模式等，我都发表了自己的认知和思考。这些也都是国家社会科学基金重点项目的核心内容。

在世界经济方面，我继续思考世界经济与中国经济关系问题。在担任中国世界经济学会副会长时，我写过一篇《国际经济体系的变革和转型与中国的应对》，这篇论文获得上海市社会科学界联合会年度优秀论文奖，破例在年会期间刊登在《学术月刊》上。2010 年之后，欧洲联盟遭遇挑战，问题越来越多，中国的学术界也更加重视对欧洲一体化问题的探讨。我是学术界率先思考德国在欧盟一体化中作用、影响问题的学者，从更高、更新的视角提出"德国的欧洲，还是欧洲的德国？"这一当代新问题。对于需要从时代变迁视角重新认识欧盟和欧洲，我在学术界率先发表自己的见解，写了《重新认识欧洲——兼论欧债危机与欧盟转型》和《重新审视欧洲一体化及其未来》两篇文章。2003 年，我出版了《区域整合与体制创新》一书，收集过去发表过的 50 篇相关文章，筛选整理了我从 1977 年到 2001 年之间发表的论文。2009 年初，集体研究成果《多元一体：欧盟区域共同治理模式的探索》一书出版，这本书中的思考和探索在当时中国欧洲学界较为领先。2015 年出版的《伍贻康文集》收录了 39 篇论文，其中有 60% 是我在 60 岁后写就，有40% 是我在 67 岁退休后完成的，全书共计 40 余万字。

退休几年，退而不休。这段时期，我对欧洲一体化问题更加趋向于在理

◎ 2015年6月26日，《伍贻康文集》出版暨伍贻康从事欧洲研究和教学40周年座谈会召开；
我坐在前排居中，左右两边分别是上海社会科学院的院长王战和党委书记于信汇

论性和总体性方面，做出一些学术成果。

我给自己定下规矩，在退职以后，我将不再申请国家或上海的任何评奖。我认为所有这些评优、得利的荣誉都应该给更年轻、更需要的同志。过去我的论文发表后常参与评奖，也得过不少奖项。但在退职、退休以后，我就再也不申请各类评奖，这样可以把名额让给年轻人。上文提到的上海市社会科学界联合会年度优秀论文奖，是我发表之后评的"优秀"，我事先并没有申报，这篇论文的获奖我想与自己定下的规矩并不矛盾。

我的退休生活相当充实、丰富。随着年龄的增长，我自己也意识到在70岁尤其是75岁之后，工作强度、广度应逐步减压。我任职中国世界经济学会副会长到2006年后改任顾问。我一直提出辞去中国欧洲学会副会长，但是到2016年才终于接受我的辞呈，同时推选我为学会终身顾问。他们说："您单纯是顾问不行，希望您有精力永远关心学会。"加给我一个"终身"顾问。当时会长还说："我们中国欧洲学会应给予德高望重的学者以终身荣誉顾问。"我当即表示，只要身体好，你们欢迎我参加，我一定会尽力争取参加重大活动。我在感情上是依依不舍的，40年里我同国内欧洲学界的关系

非常好。我任职上海市欧洲学会会长直到 2009 年改任名誉会长。至于其他的社会职务，像民办高校等那些兼职，随着年龄的增长，我做了几年后觉得不能提供更多帮助，就先后主动提出退职。

我退休以后，上海社会科学院研究生院建立了。这一工作是由时任院党委副书记童世骏教授主持进行的，他现任华东师范大学哲学系终身教授、中共华东师范大学委员会书记、教育部社会科学委员会委员暨哲学学部委员。从研究生部变成研究生院，使上海科学院的研究生培养工作更上一个台阶，也更加扩大化、规范化。当时研究生院聘请我做院督导组组长，我乐意地答应了。因为我在复旦大学和上海市高等教育局的工作经历，让我对研究生的培养有一些经验和思考，我力图发挥一定作用。

另外，上海国际问题研究院、华东师范大学国际关系地区事务研究院、上海外国语大学欧洲问题研究中心、复旦大学欧洲研究中心等单位都还聘请我做顾问，所以，我也还是参加他们的一些学术活动，发挥一定的作用。2011 年 5 月，我又同复旦大学戴炳然、丁纯教授一起，与台湾地区欧盟研究中心主任苏宏达教授联合会商，创办了"两岸欧盟研究学术论坛"这项很有意义的学术活动。从 2011 年 12 月开始，在中国大陆和台湾地区轮流举行年度学术论坛，到如今已是第八次，我从未缺席。2018 年 10 月在上海华东理工大学举行的大会，我应邀与会。

我还做一些各层级课题的评委、博士学位论文的答辩评委，到现在还时有参加。很多中青年学者写的书请我为他们作序，我也总是来者不拒，为他们做些推荐。

总之，我退休之后学术活动排得还是很满，只是 75 岁以后，我慢慢让自己的工作有些收缩，世界经济研究领域除了在上海的活动外，我已经几乎很少参加。但有关欧洲问题的活动，中国欧洲学会和上海欧洲学会邀请我时，我还基本上会积极投入精力参加，只是逐渐降低活动频率。到目前为止，除了寒暑假等假期空闲时光，我平均每月至少还参加 3～5 次学术活动。当然我现在发表系统观点的东西比较少，我参加这些学术活动的主要目的是跟上形势发展变革，多向优秀的中青年学者学习。另外，我也愿意做一些评论

◎ 2011年12月，参加在台北台湾大学召开的第一届两岸欧洲联盟研究学术论坛

或者会议总结的工作，这些都能够为我学习和加深了解并跟上时代进展提供机会，也可以锻炼和检验我的体能和思维。

我对自己退休后的工作和生活要求如下：在思想上明确，只要身体还健壮，脑体活动能力还能够承担并发挥作用，我就一定要跟上时代步伐和形势发展变化，严格要求自己不能太落伍。比较规律地安排自己的日常生活、学术活动、社会活动，比过去有较多时间安排旅游、观光、会友、休闲活动。注意身体健康，玩玩手机微信，读些闲书报刊，丰富个人阅历，让自己的生活充实而不单调。我不愿意像很多退休人员一样，完全变成闲人宅在家里，我觉得在注意身体健康的前提下，还是可以有时间参加社会和学术活动。迄今我的欧洲问题学术活动几乎没有中断，这是我能够保持自己的退休生活充实而不单调枯燥的方法。总体上我要保持一个学者学习并追求知识、关心国内外日新月异飞速变革的态势，不放弃应有的学术专长爱好，同时注重正常、规律地生活，继续发挥"余热"。我在过去几十年里养成的生活习惯、活动规律几乎继续保持，变化不大，只是我的日子过得更随心、更舒畅、更能自由支配。2009 年我的国家社会科学基金重点项目著作出版后，在学术上我更关注思考国内外形势动态、变化动向，减少写作文章的兴趣和干劲。关注、思考、评论问题的习惯几乎没有变化，只是我的学术思考冲动慢慢减弱了。

我的同事和学生非常赞同我的这种人生态度，他们说："伍老师还是了解很多情况，掌握资料，能够及时对欧洲形势作出自己的判断。"我听到这些话还是非常高兴的。

人生道路，平凡又不平坦

回顾自己 80 多年一路走过的人生道路，平凡又不平坦。我这个人极其平凡，但是我生活的年代复杂多变，有庆幸和舒坦，也有抱憾和不足。我从 3 个方面来总结自己人生道路的选择和碰到的问题。

第一，我出身在一个很普通的平民家庭，在战乱中诞生。1937 年日本侵略上海时我才 1 岁，在逃难中从南市搬到法租界。整个少年时期，我生活、学习在极其混乱而又嘈杂的环境中，普普通通地成长，单纯而幼稚。我从小在长辈的教育下，希望做个"有出息"的人，踏踏实实地做事。14 岁时上海解放，我开始接受中国共产党和毛泽东思想的教育，初二以后是在红旗下成长。我 16 岁入团，20 岁入党，真心跟着中国共产党走，经风雨见世面，经受各种锻炼、磨练和改造，无论是下乡到农村，还是到工厂向工农兵学习，我为国家、为人民勤勤恳恳、踏踏实实干了一辈子，也庆幸自己没有白活、白干，逐步养成对待工作和生活有调节、适应、变通和革新的能力，能够为国家、为人民做些有益于社会进步发展的事情，成就算不上卓越，但确实没有碌碌无为地虚度一生。

第二，我庆幸自己受过高等教育，培养了勤于学习、善于思考的能力，能够有自己的思想和独立判断，毕生致力于探索和追求真理。拼搏进取，做一个有思想、有作为、有追求的人，是我一生中牢记于心的座右铭。在从单纯、幼稚、听话、肯干到尝遍酸甜苦辣的人生历程中，在各种学习和锤炼中，我的思想逐步走向成熟，逐步认识世界、认识客观环境的变迁，尤其是对于国家的兴衰存亡、对于复杂的国内外形势重大问题有了更多关切和思考。经历过国内频繁的政治运动和各种磨炼，我学会独立思考问题，随着年龄的增长，也逐步走向人生的成熟阶段，不断提高自我学习、思考和判断的能力，学会面对是非曲折能够独立思考。通过正反各种经验教训，我逐步懂得和学会做一个真正有独立人格的人，懂得和学会一个人要有自己的判断、选择和追求，要善于抓住时机、探索开拓、敢于担当、尽力实干、有所作为。回顾自己走过的几十年路程，我深深地体会到一个人要真正做到马克思所说的"自由人"，一定要有清醒的头脑，要拥有并且能够进行独立自主的思考、分析、判断和抉择，是多么珍贵和不容易！有幸我越活越清醒，决心做一个灵魂坦荡、正直正派的人，绝不做一个人云亦云、趋炎附势的小人。

第三，欣慰的是人到中年，我又重新焕发出青春的活力。因为我想在学术和业务上干一番事业，发挥一些作用，所以，我有幸在大变革的时代机遇中，在改革开放大环境的召唤中，在复旦大学这个能让人有所作为的学术天地里，抓住机遇、踏实科研、勤奋工作、勇往直前地闯出一条能够发光、发热的道路，在学术上发挥应有的干劲和能力；白手起家，尽可能地为探索和开拓欧洲一体化研究这个学术领域做了一点有益的和有意义的工作，在中国的欧洲一体化学术天地做了一些探索性和开拓性的基础调研工作。我的研究工作水平实际并不很高，但是应该承认，我确实是一穷二白、白手起家。我个人从不懂到逐渐弄懂，复旦大学也是从无到有，在中国当时对欧洲一体化的了解和认识几乎空白一片的情况下，我们闯出一片天地，搭建了资料调研、国内外学术交流研讨的互动平台，组织和建立了学术社团。当时我还是个初出茅庐的青年学者，但是我在中国的欧洲一体化调研中踏踏实实地留下个人的足印。我能够几十年如一日、持之以恒地把工作做好、做大，尽管个人工作岗位一再变动，但是我能够坚持认真扎实、有持续性地进行欧洲问题的研究和相关学会工作。这40多年来，整个国家和世界的形势发生了巨大变革，我有幸亲历了这样一个大变革、大发展的新时代，感慨万千，不胜荣幸。

⊙ 2017 年春节，在友谊大厦展览中心参加上海市政府举办的上海市老干部迎春茶话会

自我剖析，无愧于心

回顾自己的人生，进行自我剖析。我是一个非常普通、非常平凡，也很实在、踏踏实实的人。说老实话，我很羡慕别人是书香门第出身，我家里过去连一本藏书都没有，更没有书橱、钢琴。但我又是在我的成长年代里比较幸运、顺当的一个人，无论是与同年龄、同学历的人相比，我都是幸运的。我自认为天赋不高，才智不足，没有背景和靠山，就是靠自己的勤奋努力，能够做些实事。几十年来，我有幸踏踏实实地做了一些有成效、有影响的事情。

我这个人生性率直、坦诚，讲实在、多务实，心胸宽广，荣辱不惊。曾经突然之间把我"打倒"，我也没有垂头丧气、一蹶不振。我没有求过当官，更没觉得当官是什么荣耀的事情，只是把它看作自己增加的责任和更辛劳的工作。我不会摆官架子，不会虚伪做作，不会拍马谄媚、阿谀奉承，不会心狠手辣、趋炎附势，不会做打小报告、落井下石的丑事，人际交往问心无愧。在一般情况下，我往往同情弱者，还能够仗义执言、助人于危难之中。所以，我从未想到自己会"当官"，在领导岗位上也没觉得自己有什么了不起。总的来说，我这个人并不很适合官场，我60岁以后能够到上海社会科学院重新焕发学术的青春，是我非常高兴的事情。

我做人行事比较清醒，能够动脑筋、会思考。一旦接受了任务，便能认真对待，分析判断，不跟风，不赶时髦，更不会向上攀爬。尽管我在政治圈里待过几年，但我绝不是趋炎附势或贪腐之辈。在我的工作中，一般偏好避虚务实。无论是在复旦大学，或是在上海市高等教育局，或是在上海社会科学院，我能够实事求是地对待自己的工作，认真负责地把自己承诺要做好的事情尽量做好。做人行事，为人处世，待人接物，力求做到识大体、顾大局、守本分、正方向、明事理、辨是非。我没犯过大错误，没跌过大跟头，除了"文革"时期，我在正常的工作中能够团结同事，在3个单位都重视团队精神、发挥团队作用。作为干部，能够力所能及地团结众人、发挥大家的能力和作用，一起把事情干好。这大概也是我能够做一些事情，也做了一些比较有成效的事情的重要原因。我自认为我这个人并没有什么天赋才能，我做的事情之所以取得较好的成效，还是靠大家、靠团队协作，是因为我一向注重发挥同事们的能力和作用，争取大家一起把工作任务做得更好。

回顾一生，几十年辗转了3个单位，在不同岗位、各种不同的环境中，我总是要求自己正派做人，干成事情，善于处理进退。虽然这并不容易，但是我做到紧跟时代变化，随着岗位变迁与时俱进，尽可能做一个正派有用之人。幸运的是，我较好地发挥了自己有限的能力和作用，发挥了自己某些特长。我很清楚自己的天赋才能不高，《伍贻康文集》出版那天，我的一位复旦老同事说："伍贻康把自己擅长的一面发挥到了极致。"这是美言。我这个人其实是个很普通的人，但是我能够在这一生中做出些有益的、有成效的事情，还是靠大家。我能够团结别人，善于用人，能够发挥集体的作用。从复旦大学开始，我一直都是这样，我不个人逞英雄，专想标榜和吹嘘自己，而是注意发挥团队的作用。

　　我在生活上要求不高，生活的品味、生活的情趣也不够丰富。这可能同我的家族基因有关，我的兄弟姐妹，包括我的父母和接触过的长辈，甚至我的下一辈，好像都欠缺一点文艺细胞。我这个大家庭从来没有出过文艺人才，无论男女在文艺爱好、业余兴趣方面都没有突出表现。这几十年来我工作很充实，性格也很开朗向上，与人为善，平等待人，结交朋友。即使做了领导，我也从不整人，处理人事还能想到给人以出路、有奔头，对待犯了错误的人，我力所能及地与人为善，帮助他们走上正路。几十年来，我基本上做到不记怨，不结仇，宽容地对待周围的人。

　　我这样一个平凡的人，从一个普通家庭里走出，我的兄弟姐妹也都很平凡地度过一生。我唯一庆幸的就是在关键时期、关键选择方面，尤其是1977年在复旦大学，我能够自主地争取选择成立欧洲共同体研究室，这对我的学术人生起到关键的转折作用。这是我当时所没有想到的，因为有很多像我一样的人，平平淡淡地做个教师了结终生。我知道，比我工作努力的人有很多，比我智慧能干的人更是有很多，我这个人确实在几十年里干了一些实事、取得了一些成绩，主要归功于时代的推动、历史的机遇。我现在再来看我早期写的文章，尽管两本文集有几十万字，但觉得没有什么惊人文笔、不足挂齿。唯一值得自豪的是我是白手起家，是在别人还没了解和调研的情况下开拓性地做出点成绩，回顾自己几十年的人生，我自认尽职尽力了，也知足了。我总算跟上了飞速发展的时代步伐，活得乐观向上，光明磊落，心安理得，问心无愧，知足常乐。

尽力而为，反思缺憾和不足

　　我在学术领域几十年辛劳，虽有一定成就，但完全是时代和命运赐给我的一种机遇和巧合。我这个人平凡普通，还有不少缺憾和不足之处。

　　我自认国学根基欠缺，甚至可以说是较为浅薄；理论根基不深，理论思维不强。因为我家不是书香门第，我自小又在抗日战争的战乱中长大，小时候读书不多，不像很多书香门第的学者从小就熟读"四书五经"。我失去一些去国外进修和学术访问的机会，一门外语也没学精，口语更是不行，很多人说如果你外语很好的话，加上你的学术水平和人际交往能力，发展空间和国际交流机会可能会多很多。我自己觉得像如今扎扎实实地做些学术平台组织工作，为别人铺路，我也非常高兴。我的一些学生和同事有时会谈起，感谢我给他们提供了很多学术平台和国外进修访问机会，通过参加国内外学术会议，让他们能够走上学术道路，这让我很欣慰。我之所以能有些成就，归根到底是源于勤奋。正是由于上述这些欠缺，对我深入研究问题、开展国际交往产生影响，也让我做学问有限度、欠深度。这是我人生的一大缺憾。

我从大学开始就是"双肩挑"，几十年来在管理事务工作、日常会议方面所花的时间和精力相当多。从复旦大学一直到上海社会科学院，在当干部这个方面，"双肩挑"锻炼和提高了我的工作能力、社会活动和组织策划能力，但也给我的专业学习研究带来影响。我自己曾经一再说，有很多事情想要做，觉得应该做、可以做，最后都因为没有时间或者精力有限，致使事情没

◎ 2016 年 10 月 28 日，参观四川成都三星堆博物馆

有做成，或者做得不深、不透、不够，甚至不到位。这是我人生的第二大缺憾。

从我自身来讲，前面已经提到缺少文艺细胞是我这个家族的缺陷，我们伍家缺少艺术才华，这就使我们的生活不够丰富多彩。缺少才艺、不懂文艺应该说是我一生的一点遗憾，相应地我的生活也比较单调。但是从另外一个方面来说，我觉得学术追求充实了我的生活，我经常感到时间不够用。我自学生时期就喜爱看电影、喜欢玩桥牌、喜爱旅游等，所以我的生活还算充实。

我的勤奋努力，弥补了才华的缺憾、智慧的有限。我这个人摸爬滚打地经历一生，还算过得顺当如意，活得幸福自在。我用 12 个字来概括，就是"抓住机遇，敢于担当，尽力而为"。

一点个人生活结晶

我最后再谈谈自己的个人家庭生活。

人到老了，才真正体会到家庭的重要和可贵。到了耄耋之年，还能拥有健脑强身、和谐家庭才算幸福。过着自由自在、随心所欲、无牵无挂、一切平安、安逸舒适的生活，这就是老来福。老来福才是福。老了，更能体会老伴是家庭的守护神。家庭和睦、子女孝顺是人生最后也是最重要的幸福源泉。这些都是个人健康、快乐、长寿最好的保证。

我十分庆幸自己有一位贤内助、好伴侣。我的夫人钟幼娥，对我的工作、生活至关重要、不可缺少。她在家中里里外外是一把手。家里的事务从不用我烦心、操劳，工作之余的一切家务事，大大小小、里里外外几乎都是她在操劳，并能够妥善安排。改革开放以后，家里的生活改善，事务繁多，她一切包揽办妥。例如，我家两次分房、搬迁新居，所有装修购置和室内摆设，一切都是她操持；家庭吃喝衣着，更是她张罗安排。夫人在人际交往、待人接物方面，非常能干好客。我的众多亲友、同事和故旧的接待，长辈的问候拜访，都得益于她热情周到的处置，使我们家庭中亲情、友情常驻，不时还会高朋满座。2010 年上海世博会期间，我的哥哥、弟弟、妹妹在上海欢聚一堂，也是她建议策划并具体安排的。她的招待常常令人满意称赞，甚至"过意不去"。我能够全身心投入工作，对家务事一百个放心，根本没有后顾之忧。几十年里，我工作繁忙，百事顺当，能在各方面做出点成效业绩，毫无疑问要归功于夫人的勤劳辛苦和帮助支持。她帮我摆脱了不少生活的烦心、恼人的琐事，这是对我工作的最大支持和帮助。

◉ 1998 年，与夫人钟幼娥一起登上云南玉龙雪山顶峰

我们有两个女儿，都已独立居住。家庭和谐，有分也有合。夫人有一手好厨艺，喜爱采购烧菜，只要她精神好，我们老小没有别的安排，每逢周日她

常常都会事先关照，一大家子老少在家团聚。她能烧出十多个荤素菜肴，汤炒搭配齐全，一家人无拘无束地过一个令人满意的周末，这是家庭欢聚的常事，更不用说节日时的家庭欢宴，那更是酒足菜丰，高兴而聚，满意而归。这种家庭乐趣全由夫人安排操劳。

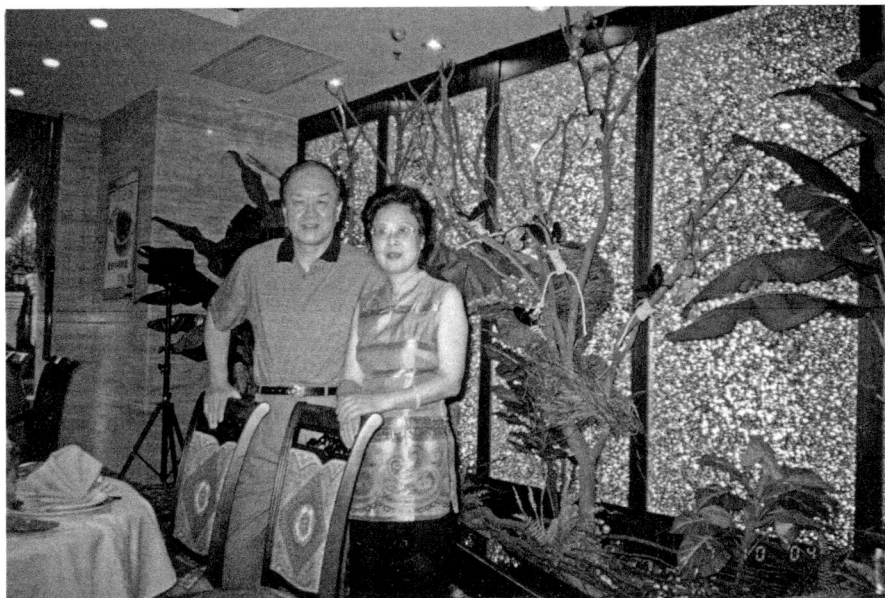

◎ 1997 年夫妇合影

家庭团聚的另外一种方式就是旅游。除了我们夫妇以海陆空各种方式在国内外旅游观光之外，举家老少一起出游更是家庭亲情的体现。令人难忘的一次是，小女儿在加拿大多伦多大学硕士毕业，我们夫妇应邀出席盛典，并在加拿大旅游了整整 1 个月。由大女儿安排我们举家出国游，更多的是大女儿自驾车带着我们夫妇在上海周边的自由行，这种方式在过去几年几乎已经成为常态。小外孙最为起劲，由他来选择旅游景点和旅馆，而大女婿最辛苦，因为总是由他驾车。旅游休闲，手机拍照片，这种家庭幸福是无法取代、最为享受的天伦之乐。

随着年寿增长，能过上这种家庭幸福的生活，绝对是人生一大幸事，甚至可以说是人生最大的幸福、最大的快乐。老年人能过上幸福舒适的晚年

⊙ 1992年的全家福；左起分别为小女儿、夫人、我、大女儿、外孙和女婿

家庭生活,这是人生最大也是最后的追求和享受。我深深体会并沐浴在这种幸福之中。

　　口述历史,只是个人在人生经历中留下一些具有个性特点的片断。就我本人而言,仅是一种欣慰,一种自得其乐的人生若干片断式的追忆;但这也是对生育我、培养我、教育我、支持我、帮助我的所有亲人、师长和各方面同仁,给予文字的交代和粗浅的汇报。

附录

附录一 大事年表

1936 年

7 月 13 日,农历五月二十四,出生于上海老城厢一个回族行商家庭,排行第三,有二兄,弟、妹各一。

1937 年

8 月,"八一三"事变爆发,日军进攻上海。在淞沪会战战火中,上海南市家宅损毁,母亲抱着我举家逃难到法租界,暂住叔祖伍特公家中。

1939 年

年初,父亲租房,举家迁至原法租界长乐路 28 号"铁庐"大院(今已不复存在,现为延安路高架)。从此在这里安家,我在这个杂居了 30 多户家庭的大杂院里长大。

1941 年

9 月,在未进过托儿所、幼儿园的情况下,5 岁时进入家居附近的时化小学就读,直至次年 2 月。

1942 年

2 月至 7 月,转读邻近的民治小学。

9月，再转读黄陂南路上的崇实小学，直至 1945 年 7 月。

1945 年

9月，入读南市敦化回民小学，至小学毕业。

1947 年

7月，小学毕业。

9月，初中就读于淮海中路上的晓光中学。该校后并入现向明中学。

1950 年

7月，初中毕业。

9月，高中入学重庆南路上的震旦大学附属中学。该校原为法国人天主教会所办，1952 年更名为"向明中学"。

1952 年

3月，加入中国共产主义青年团。

1953 年

7月，高中毕业。

10月，经高考被录取进入复旦大学历史系学习，担任学生干部，后当班长。

1955 年

3月，被抽调作为"半脱产干部"，担任复旦大学历史系学生共青团总支书记，任职至 1956 年 7 月。

1956 年

5月，加入中国共产党，作为候补党员，1 年后按时转正。

8月，获复旦大学校级"三好学生"称号，赴青岛参加大学生夏令营。

1957 年

1月，被推荐参加上海市大学生慰问中国人民解放军代表团，庆祝我军解放浙江一江山岛，赴大陈岛前线慰问解放军部队。

7月，按时修满学分，复旦大学历史系本科毕业，留校任历史系教师，并被要求报考历史系副博士研究生。

12月，根据周恩来总理对全国应届大学毕业生参加农村劳动锻炼指示,复旦大学组织一大批教职工赴宝山县蒈溪乡进行下放劳动锻炼,与农民同吃、同住、同劳动。我被分配至侯家宅,住在一个原是牛棚改造的草屋中,在该村最穷的老贫农家搭伙。

1958 年

1月,接到通知,被录取为复旦大学历史系副博士研究生,导师靳文翰教授,专攻世界现代史。后因中苏关系破裂,取消学习苏联式的副博士名称,改为四年制研究生。虽已成为研究生,仍在农村劳动,直至 1959 年 7 月才调回复旦大学,成为名副其实的研究生。

1960 年

12月,在上海市社会科学界联合会历史学会年会上作"关于美国总统罗斯福"的报告,这是我的学术报告处女作。

1961 年

7月,复旦大学历史系四年制研究生毕业,毕业论文题目是"美帝国主义与慕尼黑阴谋"。

8月,在《历史教学》(1961 年 8 月号)上发表了《美国"中立"法的帝国主义本质》一文,这是我在全国性学术刊物发表的学术论文处女作。

9月,研究生毕业后继续在复旦大学任教。被分配在历史系世界近现代史教研室,担任靳文翰教授的助教,并对新闻系三年级开设"世界现代史"课程。

当时历史系教师只有一个党支部,朱永嘉任党支部书记,我任支部组织干事。

担任历史系当年入学新生的年级政治辅导员,与时任班主任的朱维铮共同承担该年级同学的指导管理工作。

12月,在上海国际关系学会年会上作题为"民族主义国家中军人作用和地位"的报告。

1962 年

5月,为应对中苏论战,中国共产党上海市委宣传部成立"反修写作组",被市里借调参加相关工作,为时约 1 年。复旦大学的教学任务仍然继续。

论文《第二次世界大战前美国和希特勒德国的关系》发表在《历史教学》1962 年第 5 期。

1963 年

论文《美帝国主义与慕尼黑阴谋》发表在《历史教学》1963 年第 2 期。

1964 年

2 月，中央在全国主要高校建立一批国际问题研究单位，复旦大学被指定负责欧洲国家的调研。复旦大学决定新建以欧美为对象的复旦大学资本主义国家经济研究所，从校内经济系、政治系、外文系、历史系抽调中青年教师共计 28 人建所。复旦常务副校长陈传纲兼任所长。我由历史系正式调至该所欧洲组，开始接触欧洲现状调研。先后写作《西德经济发展的速度及其主要因素》、《欧洲经济共同体与苏联关系大事记》、《西德开发服务队》和《美苏争霸欧洲》等文章和内部资料。

10 月，论文《第二次世界大战期间的美苏关系》发表在《历史教学》1964 年第 10 期。

1965 年

2 月，在《文汇报》发表《评"欧洲中心论"》一文。

5 月，应商务印书馆出版社约稿，历经年余，写成"历史小丛书"系列中《希特勒》一书初稿，后因"文化大革命"的原因，小丛书出版中断，书稿也无下文。

7 月，全国开展"四清"运动，被复旦党委调派在宝山县罗店公社的一个生产队担任工作组组长，半年后上调到罗店公社"四清"工作团党委工作，任联络员。直到 1966 年 7 月终止"四清"工作，调回复旦大学。

1966 年

7 月，回到复旦大学参加"文化大革命"。

8 月，参加"造反派"："红革会"教工队。大约在 9 月初同本所陈建樑、郑寅加入"大串联"，到南昌、北京等地，也到天安门接受毛主席检阅。

1967 年

上海"一月风暴"后，复旦大学一切正常的教学和工作秩序全部打乱，校内多派红卫兵互斗造反,退出了红卫兵活动。"军宣队"和"工宣队"先后进驻复旦大学。

1968 年

5 月,在复旦大礼堂向师生作"关于法国五月风暴"的形势报告。

9 月,在所谓"清理阶级队伍"运动中,遭遇"工宣队"领导"突然袭击",被划归为反革命修正主义分子,接受隔离审查。经过几个月的内审外调,年底宣布"解放",审查结论是"保留中共党籍,但'不宜当干部'"。

1969 年

10 月至次年 3 月,复旦大学全体教职工实行战备疏散到郊县农村,随研究所全体成员到宝山县罗店公社,在生产队吃住、劳动达半年之久。

1970 年

10 月至次年 9 月,复旦大学在郊区奉贤县近海滩办"五七"干校,随全所成员劳动开垦和"斗批改"整整 1 年。

1972 年

从年初开始,复旦大学资本主义国家经济研究所接受调研美国、西欧政治经济情况的任务,全所恢复专业业务工作。此后除进行"文革"日常的"斗批改"活动和夏秋各半个月组织农村、工厂劳动外,几乎所有时间都在加班钻研业务,调研写资料和内部报告,翻译编写专著出版。

8 月,参加"战后帝国主义经济"编写组,负责西欧部分的写作。该书由上海人民出版社出版,内部发行。

在复旦大学大礼堂和上海一些机关学校等 10 余家单位,作有关"苏美争霸欧洲"的时事报告。

1973 年

7 月,投入大量精力完成《西欧共同市场》一书,由上海人民出版社正式出版。这是中国第一本全面介绍欧洲经济共同体的专业书籍,共计 17 万余字,附录包括大事记和翻译的《罗马条约》详细摘要。

8 月,复旦大学资本主义国家经济研究所编译组翻译出版的英国首相希思的传记《爱德华·希思》(*Edward Heath*: *A Personal and Political*

Biography)由上海人民出版社出版，参与翻译其中一章。

执笔的《西欧共同市场与美苏争霸》一文发表在《学习与批判》1973 年第 2 期。

1974 年

1 月，复旦大学资本主义国家经济研究所编写了资本主义国家(美国、英国、法国、德国、日本)政府机构详解丛书，由上海人民出版社出版。负责执笔完成其中《德意志联邦共和国政府机构》一书。

年中，被任命为复旦大学资本主义国家经济研究所德国组组长。

1975 年

2 月，负责组织翻译、校订时任西德总理施密特亲著《均势战略》(*The Balance of Power：Germany's Peace Policy and the Super Powers*)一书，由上海人民出版社出版。

8 月，《战后世界历史长编》由上海人民出版社出版第一辑，执笔撰写其中"苏美英法分区占领德国"这一专题。该项系统学术工程由复旦大学资本主义国家经济研究所和华东师范大学历史系共同负责，自 1974 年起开始着手编写，参与了该项目初期的部分工作。

11 月，负责组织撰写的《战后西德经济》由上海人民出版社出版，这是复旦大学资本主义国家经济研究所组织编写的"西欧经济系列丛书"中的一部。

翻译美国国防部长施莱辛格和美前总统罗斯福的相关资料，分别发表在《译文》1975 年第 8 期、《摘译》1975 年第 12 期。

自本年度开始，连续 3 年(1975—1978 年)在复旦大学外语系培训班和上海外语学院德语系承担有关西德的系列学术讲座和课程。

1976 年

6 月，负责组织翻译西德前总理勃兰特的传记《维利·勃兰特：画像与自画像》(*Willy Brandt，Portrait and Self-Portrait*)，由上海人民出版社出版。

7 月，带队与另两名同事一起赴北京图书馆(今国家图书馆)计划查阅图书资料一周。到京第三天半夜唐山大地震发生,无法继续工作,提前回沪。

8月,在复旦大学作"西德新东方政策"的形势报告。

1977 年

1月,获得复旦大学"学习毛泽东思想积极分子"称号,并先后被评为复旦大学资本主义国家经济研究所和复旦大学所、校两级"先进工作者"。

7月,认识到欧洲一体化的重要性,主动组织编辑出版《欧洲共同体资料》。该杂志最初是油印、不定期出版;1983 年改为铅印排版,正式由复旦大学资本主义国家经济研究所自编自发,寄送全国相关单位;每年 4 期,译编介绍欧洲共同体的一体化体制、政策和对外关系等,以及欧洲经济政治动态。

10 月,出席上海市教育战线先进集体、先进工作者代表大会。

11 月,随余开详、陈观烈、徐之河等参加由钱俊瑞教授受国务院领导委托在北京召开的全国世界经济学界高层座谈会。这是新中国成立以来世界经济学界第一次具有相当规模的高规格学科规划咨询研讨会。我被安排在会议秘书组,担任会议简报撰写工作。这次会议是"文革"结束后中国社会科学院和全国重要高等学校国际问题研究中对学科和组织机构进行重组部署的重要准备工作的一部分。

1978 年

10 月,经国家教委批准,资本主义国家经济研究所正式更名为"世界经济研究所",我被任命为新建欧洲共同体研究室室主任,同时继续负责出版《欧洲共同体资料》。这是全国高校和科研单位中首个单列研究欧洲一体化的研究室。

11 月,由复旦大学资本主义国家经济研究所翻译的《艾森豪威尔回忆录——白宫岁月(上):受命变革(1953—1956)》(*The White House Years*：*Waging Peace*, 1953—1956),由生活·读书·新知三联书店出版,负责其中一章的翻译工作。

11 月底,协助所长余开祥以复旦大学世界经济研究所为发起单位,联络全国从事西欧教学和研究的学者筹备建立全国西欧经济研究会,在上海召开成立大会。在会上作了题为"试论西欧联合及其趋势"的学术报告,并被推举担任研究会秘书长。

12月,《上海社联通讯》特辟专辑报道全国西欧经济研究会成立大会,并刊载《试论西欧联合及其趋势》一文。

撰写《战后世界历史长编》过程中的副产品——论文《苏美争霸和"柏林墙事件"》刊载在《甘肃师人学报》1978年第1期。

1979年

9月,负责筹备在福建省厦门市举办的全国西欧经济研究会首届学术年会,我国杰出的外交家、国际问题专家、刚卸任归国的中国首任驻欧洲共同体特命全权大使、新任中国社会科学院副院长宦乡到会并作报告。全国各高校、科研机构和政府业务部门有80多个单位、130名代表出席会议,提交论文和资料83篇。

10月,参加在甘肃省兰州市举办的世界现代史学学术讨论会,并在会上作报告。

12月,被任命为上海国际关系学会欧洲组副组长。

论文《欧洲共同体的权力结构及其性质》刊载在《欧洲共同体资料》1979年第19期。为《世界经济年鉴(1979)》写作"欧洲经济共同体"条目。

为复旦大学世界经济系研究生作了3次有关西欧形势和欧共体的讲座,在校外单位作了6次形势报告。

1980年

8月,全国西欧经济研究会1979年年会《西欧经济论文选》,由福建人民出版社正式出版。我的年会论文《欧洲共同体的第二次扩大》被收录。

12月,负责代表复旦大学欧洲共同体研究室与欧洲共同体委员会第一总司建立正式联系,争取欧洲共同体委员会同意,资助建立复旦大学欧洲资料中心,免费获得欧洲共同体官方出版物五六十种,使复旦大学成为中国最大的欧洲问题研究资料库。

论文《贸易领域中的一个联合反霸行动——谈欧洲自由贸易区的建

立》,载《世界经济》1980 年第 1 期;论文《欧洲经济共同体的动向》,载《世界经济》1980 年第 2 期;"欧洲经济共同体的动向"一文作为内部资料刊载在由中央 12 个单位合编的《世界经济调研》1980 年第 12 期,直送中共中央政治局;论文《西欧联合的历史潮流及其作用》载《世界历史》1980 年第 5 期;论文《苏联的霸权扩张和西欧国家的对策》,载《上海社联通讯》国际关系年会论文专辑。在上海社会科学院《文摘》和《人民日报》发表译文和文章各 1 篇。

在山东大学、上海师范学院等单位作学术讲座。

担任室主任的欧洲共同体研究室被评为复旦大学校级"先进集体"。

1981 年

12 月,著名经济学家陈彪如教授领衔撰写的《世界经济问题讲座》一书,由黑龙江人民出版社出版。我的《西欧经济一体化及其发展》一文被编为第八讲。

《处在内忧外患中的欧洲共同体》一文作为内部参考资料,由《中国社会科学院简报》1981 年第 6 期上报中共中央政治局领导。另外,在《世界经济》、《文摘》、《世界经济导报》等报刊发表文章 9 篇。

在校外单位作形势报告 4 次。

1982 年

9 月,应邀到中国人民解放军南京高级陆军学校(今中国人民解放军南京陆军指挥学院)讲课 1 周。

论文《欧洲共同体与经互会关系的回顾和展望》,载《世界经济》1982 年第 1 期;论文《关于西欧国家垄断资本主义的几个问题》,载《世界经济》1982 年第 3 期;与洪文达教授合作撰写的《论欧洲共同体的国际经济调节》发表在《复旦学报》1982 年第 6 期;论文《战后垄断资本主义的新现象——经济一体化的发展》发表在《红旗》1982 年第 10 期,此文又被红旗出版社编入《论当代帝国主义经济》一书。此外,在《世界经济译丛》、《文摘》、《世界经济导报》、《经济学周报》上发表文章 6 篇。

担任室主任的欧洲共同体研究室再次被评为复旦大学校级"先进集体"。

1983 年

3 月，欧洲共同体研究室的集体重点项目《欧洲经济共同体》一书，由人民出版社出版。这是我国第一本有关欧共体的学术专著，出版后获得学术界和社会好评，1986 年 9 月被评为上海市(1979—1985 年)哲学社会科学优秀著作奖。

5 月，赴北京参加中央部署的全国首次西欧学科规划会议。会议把欧洲一体化等列入欧洲研究的重点项目，我就承担的国家"六五"计划重点科研项目"欧洲共同体"具体调研写作工作做了汇报。

7 月，中国社会科学院世界经济研究所所长钱俊瑞主编的《世界经济概论》由人民出版社出版，我负责撰写第四章"经济一体化及其发展"。该书为中国特色世界经济学奠基之作，影响很大，1987 年 10 月荣获吴玉章基金会世界经济学特等奖。

8 月，中国西欧经济研究会第二届年会在黑龙江省哈尔滨市召开，中国社会科学院世界经济研究所所长钱俊瑞、西欧研究所所长徐达琛到会并做报告。会上决定学会更名为"中国西欧学会"，宦乡担任学会名誉会长，我继续担任学会秘书长。

10 月，被复旦大学聘任为副教授。

论文《垄断资本主义国家的经济一体化》，载《世界经济参考资料》1983 年第 15 期；论文《欧洲共同体经济深陷困境，内部矛盾加剧》，载《世界经济》1983 年第 3 期；论文《试析欧洲共同体与第三世界的经济关系》，载《世界经济文汇》1983 年第 1 期；论文《世界经济危机与当前西欧国际关系》刊载于《西欧研究》(参考资料)。此外，在《经济参考》、《世界经济情况》、《欧洲共同体资料》、《世界经济导报》、《上海社联通讯》专辑、《经济日报》等刊物上发表文章 12 篇。

在上海经济区规划办公室作"欧洲共同体一体化"的专题介绍。

1984 年

4 月，欧洲共同体研究室再次被评为复旦大学校级"先进集体"。

10 月，被任命为复旦大学世界经济研究所副所长。

11月30日,成立中国欧洲共同体研究会(1993年更名为"中国欧洲联盟研究会"),正式列入全国性学术团体,国务院国际问题研究中心总干事宦乡担任名誉理事长,我担任副理事长兼秘书长。该研究会挂靠在复旦大学世界经济研究所。

12月,参加"太平洋地区发展前景和中国现代化"学术研讨会,提交的论文《浅谈世界经济的多极化趋势》被收入1985年9月中国财政经济出版社的会议论文汇编集中。

论文《挑战 应战 前景——新技术革命形势下的欧洲共同体经济》,载《世界经济文汇》1984年第4期;论文《欧洲政治合作机制剖析》,载《世界经济和政治内参》1984年第11期,此文被1984年12月上海市国际关系学会编印出版的《战后国际关系论丛》收录其中。此外,在《世界经济》、《西欧研究》、《世界经济情况》、《欧洲共同体资料》、《世界经济导报》、《上海社联通讯》等刊物发表文章10篇。

1985年

3月,复旦大学决定组建经济学院,被任命为首任副院长,分工协调科研管理工作。

5月,访问欧洲共同体总部,磋商进一步合作资助。欧洲共同体委员会决定每年接受研究会推荐的青年教师、博士和硕士研究生参加欧共体培训;每年给予研究会一定数额资助,用以推动项目课题研究、翻译和出版,组织国内学术研讨会和参加国际学术活动与交流,继续支持中国有条件的高校建立欧洲资料中心,免费寄送欧共体官方出版物。

论文《新颖的体制 独特的结构——评欧洲共同体的机构和法律》,载《国际问题研究》1985年第1期,于1986年获得上海市哲学社会科学优秀成果论文奖;论文《未来是太平洋时代吗?——论世界经济的多极化趋势》,载《亚太经济》创刊号(1985年第1期);论文《欧洲煤钢共同体》,载《战后世界历史长编》1985年第6期。为中国社会科学院欧洲研究所撰写内部报告《欧洲共同体的前景》,直送中共中央政治局。此外,在《世界经济文汇》、《世界经济和政治内参》、《世界经济情况》、《人民日报》、《世界知识》、《欧洲共同体资料》等刊物发表文章 8 篇。

为中共上海市委组织部干部研究班等单位作报告 5 次。

参与上海国际关系学会组织的电视国际知识竞赛,承担策划、出题、评委工作,此后连续 3 年 3 届(1985—1987 年)皆承担此项工作。活动的电视收视率高,影响广泛。

1986 年

4 月,负责筹办在复旦大学召开的中国欧共体研究会首届国际学术研讨会,欧洲共同体委员会秘书长诺埃尔、委员会大学信息联络负责人拉斯特诺斯夫人应邀专程来华参加此次会议。会议后,陪同他们到北京与外交部、国家教委负责人会谈,为我国与欧洲共同体在教育科研进一步加强合作起到积极推进和扩大作用。

6 月,被任命为复旦大学副教务长,分管文科教学科研工作。

9 月,上海市人民政府奖励工作先进,颁发证书,记大功 1 次,并参加上海市人民政府表彰大会,获得"上海市先进科技工作者"称号。

11 月,参与组织、翻译的英国学者阿格拉(EI-Agraa, A. M.)教授主编的《欧共体经济学》(*The Economics of the European Community*),由上海译文出版社出版,这是我国第一本有关欧洲一体化经济学方面的翻译著作。

论文《欧洲共同体的一体化进程及其历史地位》,载《世界历史》1986 年第 7 期,于 1988 年获得上海市哲学社会科学优秀成果奖的论文一等奖;论文《法国、戴高乐和欧洲共同体》,载《法国研究》1986 年第 2 期;论文《欧洲共同体的扩大与一体化的趋势》,载《西欧研究》1986 年第 4 期;论文《欧洲一体化进程的新里程碑——〈单一欧洲文件〉评析》,载《世界经济文汇》1986 年第 5 期。此外,在《世界经济》、《世界经济文汇》、《欧洲共同体资料》、《解放日报》发表文章 6 篇。

应邀前往南京、北京、苏州和上海其他单位作学术报告 8 次。

1987 年

7 月,接受谢希德校长委托,负责筹办复旦大学代表队参加新加坡发起组织的"亚洲大专辩论会"。12 月,复旦大学代表队正式组队,我任领队,负责推荐教练,选拔队员在校集中培训。

6月,应邀赴杭州为浙江省委党校政治经济学研究生班讲课1周。在上海外国语学院讲课3次。

8月,上海召开国际关系理论讨论会,前任市长汪道涵、中国国际问题学科领头人宦乡到会作报告。我在会上的发言被收入1991年3月上海外语教育出版社出版的《国际关系理论初探》一书。

深化经济改革理论笔谈《经济改革必须重视人的因素》一文,载《世界经济文汇》1987年第1期;应全国人大常委会办公厅约稿,撰写《发展与完善中的欧洲议会》一文,刊载在人大常委会内部报告《外事参考》1987年第41期;论文《我国与欧洲共同体经济贸易关系展现新高潮》,载《世界经济文汇》1987年第4期。此外,在《世界经济导报》、《新华社内参》、《欧洲共同体资料》、《世界知识》等刊物发表文章5篇。撰写《辞海》有关西欧政治、经济一体化条目,并承担《辞海》西欧组负责人。

1988年

1月,接上海市人民政府下达任命书,被任命为上海市高等教育局副局长,因负责参加"亚洲大专辩论会"工作而推迟上任。

以复旦大学副教务长身份应法国社会科学研究院邀请访问法国,交流商讨双方合作事宜,并访问尼斯大学,建立两校学术合作关系。

4月上中旬,亚洲大专学生华语辩论会在新加坡正式举行,共有6队参赛。复旦大学代表队在决赛中战胜台湾大学代表队,荣获冠军,凯旋归国,受到学校领导荣誉嘉奖。

20日,到上海市高等教育局报到。我是上海市高等教育局建立后第一个担任领导班子成员的文科教授,分工负责文科教学科研管理、师资培养和学生处等工作。

6月,被聘为复旦大学教授。

8月,为纪念欧洲经济共同体成立30周年,负责选编中国学者论文集《理想、现实与前景——欧洲经济共同体三十年》,由复旦大学出版社出版。欧洲共同体委员会主席雅克·德洛尔为该书撰写序言并表示祝贺,对中欧关系发展寄以厚望。欧洲共同体委员会名誉秘书长、欧洲大学研究生院院长埃·诺埃尔和委员会负责大学信息联络处杰·拉斯特诺斯夫人为该书撰写了专稿。这是中国研究欧洲共同体一体化学术界当时最有分量的佳作之一，出版后颇受好评，进一步扩大了复旦大学和中国欧共体研究会的影响。

10月，负责组织在四川大学召开的中国欧共体研究会第二届国际研讨会，埃·诺埃尔名誉秘书长和杰·拉斯特诺斯夫人专程到会。

在上海市高等教育局除了日常行政管理工作外，还参与"党委领导下校长负责制改革"的试点调研工作。

1989 年

3月，负责筹划的国家社科重点科研项目《欧洲共同体：体制·政策·趋势》完成，由复旦大学出版社出版，于1994年获得上海市哲学社会科学优秀成果著作三等奖。

11月，主编的《欧洲共同体与第三世界的经济关系》一书在经济科学出版社出版。

论文《欧洲共同体发展合作政策的演变及特点》，载《世界经济文汇》1989年第1期。

1990 年

10月，率领上海大学生代表团访问日本。

11月，中国西欧学会更名为"中国欧洲学会"，被推举为副会长。

论文《全面地历史地认识当代资本主义》，载《思想理论教育》1990年第2辑；论文《东欧剧变后的西欧一体化形势——兼论欧洲格局的变动》，载《世界经济文汇》1990年第4期；论文《欧洲局势与国际战略格局》，载《国际展望》1990年第2期。

1991 年

7月，被任命为上海市高等教育局常务副局长、党组副书记，负责主持局里日常工作。

10月，负责筹划在武汉召开的中国欧共体研究会第三届国际学术研讨会，埃·诺埃尔院长和欧洲共同体委员会代表杰·拉斯特诺斯夫人专程到会祝贺。

11月,以上海教育国际交流协会副会长身份访问日本,出任西日本大学生中国语竞赛评委会主席。

1992 年

2月,写成论文《欧洲格局变动中的主要因素及其动向》,收入上海国际关系学会主编的《国际格局——世纪之交的转换》一书,是年12月出版,被评为上海市社联优秀学术成果奖。

5月,参加由上海市政府副市长谢丽娟率领的上海教育考察交流代表团,访问加拿大和美国。

7月,参与并负责促成民办杉达大学正式建立。该校成为全国第一所全日制民办大学,由此带动起上海申办民办高校的热潮。主要工作是使其规范化、制度化和常态化。

欧洲共同体委员会第一总司建立世界欧洲共同体研究联合会。中国欧共体研究会成为其正式成员,积极参与各项活动。

1993 年

2月,担任中国人民政治协商会议第八届上海市委员会委员,任教育委员会副主任。

4月,受委托出访美国,考察访问佛罗里达和位于加勒比海上蒙塞拉特岛、由华裔美国人田树培博士一手创办的私立加勒比美国大学。

5月,负责筹划在北京召开的中国欧共体研究会第四届国际学术研讨会,中国欧共体研究会更名为"中国欧盟研究会",被推选为会长。此后,该全国性学术研讨会按期每两年召开1次,先后在天津、南京、济南、广州、南昌、桂林、长春、西安、成都召开,欧盟驻华使团大使或其代表多次赴会致辞。中国欧盟研究会不断扩大和加强国际学术交流,持续取得欧盟委员会的各种资助,牢固确立了在中国欧洲一体化研究中的引领作用和中心地位。

11月,复旦大学欧洲研究中心率先在全国建立,被聘为该中心主任。

自本年起,主编的《欧洲共同体资料》正式更名为《欧洲一体化研究》,每年6期,随同复旦大学经济学院杂志《世界经济文汇》向全国免费赠送。这份内刊自 1977 年起坚持了 30 年，我自始至终担任编委会主任，是全国独一无二的欧洲一体化专业内部刊物，在国内外学术界有广泛影响和良好评价。

1994 年

3 月，负责酝酿组织上海市首届高教十大精英的评选、宣传工作，此举为全国首创，社会影响广泛。

5 月，被上海市委宣传部聘任为上海市哲学社会科学优秀成果评奖委员会副主任。

6 月，策划组织编写的《区域性国际经济一体化的比较》一书，在经济科学出版社出版，于 1996 年获得上海市哲学社会科学优秀成果著作三等奖。

10 月，应泰国政府大学事务部邀请访问泰国，进行高等教育交流考察。

1995 年

4 月，上海市政府进行教育管理体制改革，决定撤销上海市高等教育局，被调任到上海社会科学院世界经济研究所担任所长。此后能较为专心地投入世界经济和欧洲一体化调研工作。

10 月，欧盟发布第一个对华关系政策文件《欧中关系长期政策》，在这份正式外交文件中，特别提及"中国欧盟研究会对中欧关系的发展做出了贡献"。

论文《面向 21 世纪的中欧经济贸易合作》，载《世界经济研究》1995 年第 6 期。老朋友沈骥如的专著《欧洲共同体与世界》于 1994 年由人民出版社出版，在为该书撰写的书评中提出"重视欧共体研究的理论探索"，该文发表在《世界经济》1995 年第 7 期。

1996 年

5 月，获得中华人民共和国国务院颁发的政府特殊津贴。

月，应邀赴韩国进行国际学术交流，在东北亚经济合作研讨会上，以"东北亚的起飞和局部经济圈的展望"为题讲演，会后该演讲文章收入《东北亚经济合作研讨会论文集》。

10 月，国家哲学社会科学"九五"重点项目"三大经济区的运行机制和特点"获批立项，担任该整体项目的课题负责人。

11月,上海哲学社会科学"九五"重点项目"21世纪初世界经济的走向"获批立项,担任该集体项目的课题负责人。中国欧盟研究会项目"欧洲一体化跟踪调研"获批立项,独立承担。

12月12日至13日,负责筹划组织"亚太经济合作进程及中国的对策"高层次研讨会,由上海市经济科学研究院、上海社会科学院世界经济研究所联合召开,在上海教育国际交流中心举行。

是年获准担任博士生导师。首位招带的博士研究生是金芳,从此每年招带博士生1名。

论文《21世纪世界经济的先兆——试论当前世界经济的几个特点》,载《世界经济研究》1996年第1期,中国社会科学院《世界经济与中国》(英文版)转载了该文;论文《法德轴心与欧洲一体化》,载《欧洲》1996年第1期;论文《当前世界经济的特点及其对国际关系的影响》,载《国际问题论坛》1996年第1期;论文《东亚的崛起和东亚经济合作》,载《太平洋学报》1996年第4期;论文《东亚崛起纵横谈》,载《国际观察》1996年第5期。此外,在《欧洲一体化研究》、《国际展望》、《解放日报》、《文汇报》、《中国资产新闻》等报刊发表文章8篇。

1997年

2月,被聘担任上海市政府决策咨询研究专家委员会成员。

4月,被聘担任国家哲学社会科学研究"九五"规划"国际问题研究"学科规划和学科评审组成员。"十五"、"十一五"规划期间得到延聘。

6月,1996年年底召开的"亚太经济合作进程及中国的对策"研讨会会议论文集《亚太经济合作进程与中国的对策》作为上海市新闻出版局内部资料出版。

10月,被推举担任中国世界经济学会副会长和上海欧洲学会会长。

国家教委和欧盟执委会启动"中欧高等教育合作项目",被聘为咨询顾问委员会成员。

担任主任的上海社会科学院欧洲研究中心通过考查,成为欧盟资助单位。

11 月，负责的上海社会科学院世界经济博士点，获得上海市教委博士点资助项目"一体化的世界经济"。

论文《欧洲联盟的历程及其发展前景》，载上海社会科学院院刊《学术季刊》1997 年第 4 期；论文《欧洲货币一体化的前景及其影响》，载《世界经济研究》1997 年第 5 期；《荆棘载途，任重道远——欧洲联盟的回顾和前瞻》，载《欧洲》1997 年第 5 期。此外，就欧元即将启动等问题，在《国际展望》、《文汇报》、《解放日报》、《国际金融信息报》发表文章 8 篇。

1998 年

论文《21 世纪世界经济的先兆——试论当前世界经济的几个特点》，被评为上海市哲学社会科学优秀成果奖的论文三等奖。

4 月，赴澳门参加欧盟举办的亚洲经济合作会议。

6 月，应邀赴北京大学欧洲研究中心进行学术交流和讲学。

7 月和 8 月，受欧盟资助，赴德国、比利时、卢森堡等国主要就欧元启动进行 1 个月的学术考察，访问了欧盟委员会相关部门、欧洲中央银行等机构，拜会了卢森堡前首相、被尊为"欧元之父"的维尔纳，与近 40 位官员、学者进行了交流。回国后撰写的《应运而生，茁实运行——解疑探秘：关于欧元的考察报告》一文发表在《世界经济研究》1998 年第 5 期。另外，以此为主题在《人民日报》、《香港经济导报》、《解放日报》、《新民周刊》、《欧洲一体化研究》等报刊发表文章 8 篇。

被推选担任中国人民政治协商会议第九届上海市委员会委员，并担任提案委员会副主任；被推选担任上海市社会科学界联合会第五届委员会委员。

论文《经济全球化与世界多极化》，载《世界经济与政治》1998 年第 12 期；应英文刊物《东西方对话》(*East-West Dialogue*)之邀，"The Future of Sino-European Trade and Economic Relations in the 21st Century"(《21 世纪中欧经济关系发展前景》)一文发表在该刊 1998 年 5 月第 1 期。另外，在《世界经济研究》、《国际观察》、《国际展望》上发表有关中欧关系的文章 6 篇。

1999 年

1 月 1 日,欧元正式问世。我的研究工作和学术活动也围绕欧元启动而忙碌。论文《冷静地以战略眼光审视欧元——近期欧元汇率走势探析》在《金融研究》1999 年第 4 期作为刊首论文发表,随后多家报刊转载该文;《必须对欧元树立风险意识》一文在《国际金融信息报》头版发表。另外,在《国际观察》、《香港经济导报》、《国际展望》、《上海经济报》、《远东经济画报》等报刊发表文章 11 篇。

3 月,会见德国外交政策学会国际关系研究所所长凯泽,代表上海欧洲学会双方签订了合作交流协议,并探讨了德国和欧洲形势发展。

4 月,受上海市人民政府计划经济委员会委托,承担课题"'十五'规划的国际环境及其对上海经济的影响"。

7 月,被选担任上海市国际关系学会副会长。

9 月,参加上海市举办的欧元国际研讨会并作发言。

10 月,接待法国货币委员会委员、法国财政部前计划司司长阿尔贝教授,就欧元启动等问题进行交流讨论。

应邀在山东大学欧洲研究中心做学术报告和交流。

11 月,负责的上海社会科学院世界经济博士点的集体成果《全球村落:一体化进程中的世界经济》一书,由上海社会科学院出版社出版。

11 月 30 日至 12 月 5 日,出席由中国社会科学院和浙江省经济体制改革委员会等联合主办的"99 中国非公有经济高层论坛",并应邀做题为"欧元启动对中国与世界经济的影响"的演讲。

被上海市学位委员会聘为学科评审组成员。

长篇论文(2.5 万字)《面向 21 世纪的欧洲政治经济一体化的发展》在《欧洲一体化研究》1999 年第 2 期、第 3 期发表,随后被中国书籍出版社收入论文集;就欧洲独立防务问题在《解放日报》发表评论文章。

2000 年

2 月,参加中国世界经济学会组织的世界经贸形势演讲团赴新疆讲学。

5 月,赴法国、德国、意大利等西欧国家,进行为期半个月的学术交流考察活动。

接待卢森堡前首相秘书、外交部高级官员、现任卢森堡欧洲和国际问题研究所所长克莱斯教授，进行广泛学术交流。

7月，主编的《经济全球化论丛》被评为上海市哲学社会科学优秀成果奖著作一等奖。

10月，被聘担任上海市国际战略问题研究会副会长。

11月，接待德国汉堡经济研究所所长谢勒教授，并进行学术交流。

论文《以经济全球化的视野透视区域经济一体化》，载上海社会科学院院刊《学术季刊》2000年第1期；论文《国家、区域化与全球化》，载《太平洋学报》2000年第4期；论文《经济全球化与发展中国家》，载《世界经济与政治论坛》2000年第1期；《"双赢"：经济全球化进程中的一大特点》，载《世界经济研究》2000年第6期。此外，在《香港经济导报》、《国际展望》、《人民日报》、《解放日报》、《国际金融报》发表文章6篇。

2001年

1月，被聘担任上海市人民政府外事办公室咨询专家。

承担的国家哲学社会科学"九五"规划重点项目完成结项，作为项目成果的专著《三足鼎立？全球竞争体系中的欧美亚太经济区》被列入《经济全球化论丛》，由上海社会科学院出版社出版。

领衔的上海市哲学社会科学"九五"规划重点项目完成，作为项目成果的专著《世纪洪流：千年回合与经济全球化走向》被列入上海社会科学院世界经济研究所编辑的《双赢论丛》，由上海社会科学院出版社出版。

7月，被聘为上海市哲学社会科学"十五"规划"国际问题研究"学科评审组成员。

接待德国波恩大学欧洲一体化研究中心主任君哈特教授，双方达成加强学术交流合作的意向。

8月，被民办中侨学院聘任为校务委员会主任。

9月，应加拿大维多利亚大学邀请，参加世界经济形势研讨会。

20日至21日，参加中国-欧盟高等教育合作项目交流会，总结过去工作,为今后进一步加强合作进行探讨,初步商定启动欧盟资助中国欧洲问题研究中心的工作。

任上海社会科学院世界经济研究所所长,6年半后卸任。

11月,应邀赴广州外语外贸大学欧洲研究中心讲学。

论文《欧元汇率走势探究与欧元价值评估》,载《世界经济与政治》2002年第7期,该文被评定为中国世界经济学会会长奖,并被收录入《世界经济与中国》专辑;论文《欧盟东扩引发的几点思考》,载《世界经济研究》2002年第6期。此外,在《国际展望》、《解放日报》发表文章2篇。

在《新民晚报》"新世纪展望"专栏撰写的系列评论文章,被该报评为通讯员作品一等奖。

2002 年

7月,接受《国际金融报》采访,发表《欧元反弹得益于美国经济恶化》一文。

12月,参加中国欧盟研究会组织的学术交流考察活动,前往美国,为期半个月。

论文《全球化与一体化辨析》,载《世界经济研究》2002年第5期;论文《欧盟东扩与机构改革进程评析》,载《现代国际关系》2002年第3期;论文《论欧盟发展的法律问题和制宪前景》,载《国际问题研究》2002年第6期。此外,在《文汇报》、《欧洲一体化研究》、《人民日报》发表文章4篇。

作为《新民晚报》特约通讯员,在"2001年国际要闻回顾"专栏和"跨世纪的外交丰碑"一组文章中,先后被该报评为通讯员优秀作品特等奖和一等奖各1次。

2003 年

1月,参与负责的一项中华人民共和国科技部2000年国家软科学项目"经济全球化与我国发展战略研究",作为结项成果的专著《新棋局:参与全球经济的中国》由上海远东出版社出版。

6月,正值67足岁,办理退休手续,开始人生晚年新生活。

申报的国家哲学社会科学基金重点项目"欧洲一体化:一种社会发展

模式的探索实践"获得立项。承担这一重要任务使得退休生活充实不少。

应上海财经大学出版社邀约，撰写的《区域整合体制创新》一书列入"中外经济专家论坛"系列丛书，该书是改革开放25年来我对欧洲一体化跟踪调研论著部分主要成果汇编，借此对欧共体到欧盟一体化发展轨迹的研究作了梳理。

12月，以上海中侨学院校务委员会主任身份赴中国台湾地区，对职业教育进行考察交流。

接受《国际金融报》采访，以上海欧洲学会会长身份，就欧洲形势发表"年终特别报告"。

论文《战后经济强国盛衰的几点启示》，载《世界经济研究》2003年第10期；论文《论主权的让渡——对主权的"不可分割性"一文的论辩》，载《欧洲研究》2003年第6期。另外，在《欧洲一体化研究》上发表文章2篇。

在《新民晚报》"沪上专家论伊战"专栏发表时评3篇，该组评论文章被评为通讯员优秀作品特等奖。

2004年

3月，参与撰写的《2004中国国际地位报告》由人民出版社出版。

接待法国外交和防务研究所所长热雷教授，就欧盟东扩等问题进行交流探讨。

4月，邀请欧盟驻华大使安高胜作题为"欧盟东扩对中国的影响"的演讲。

7月，应澳大利亚昆士兰大学邀请，赴澳洲进行学术交流访问，参加外交外贸事务圆桌会议。

8月，上海欧洲学会与中国化工（上海）公司合作举办中欧绿色化工产业发展会议，中外企业有200多人参加，在会上做"欧洲经济形势与中欧经贸关系"报告。

理论性探索论文《经济全球化与经济一体化》，载《求是》2004年第1期；为承担的国家社科重点项目确定课题指导思想，发表论文《一种社会发展新模式的探索实践——欧洲一体化新论》，载《世界经济研究》2004

年第 6 期;论文《强国之路:经济模式和发展战略的思考》,载《世界经济与政治论坛》2004 年第 5 期。论文《欧洲一体化整合协调经验及其启迪》提交上海市社会科学界联合会学术年会宣讲,被评为 2004 年上海市社会科学界联合会学术年会优秀论文奖。

2005 年

3 月,作为学术咨询委员会成员参与推动落实的中国和欧盟官方协议"中国-欧盟欧洲问题研究中心"合作项目正式启动。中国有 20 所高校和科研机构的欧洲问题研究中心获得欧盟资助,包括学者出访学术交流、硕博生培训、课题调研、学术研讨会、学术资料购买等。上海社会科学院欧洲问题研究中心获得自建院以来的最大一笔境外学术资助。

5 月,在上海交通大学安泰管理学院和法国马赛商学院联合举办的"中法国际论坛"中欧企业国际战略与管理比较分析国际讨论会上,应邀作"中欧、中法经贸加速发展基础坚实并机遇难得"的主题演讲。

10 月,参加在广东南沙召开的中欧文化论坛,并参加人民网的网上论坛讨论。

论文《欧洲一体化整合协调经验及其启迪》,载《太平洋学报》2005 年第 1 期;论文《不断更新走向成熟的中欧关系——纪念中欧建交 30 周年》,载《国际观察》2005 年第 2 期;论文《欧盟宪法危机与欧洲一体化》,载《欧洲研究》2005 年第 5 期。此外,参加"2005 年世界经济与中国"学术研讨会和"2006 年世界经济金融形势展望"学术研讨会的两次发言,分别刊载于《新金融》2005 年第 1 期、第 2 期。

2006 年

4 月,接待由经济研究所所长迈耶斯特里克率领的捷克查理大学代表团,就捷克和欧俄形势等问题广泛交流。

9 月,上海欧洲学会和复旦大学欧洲研究中心、美国研究中心主办的"构建中欧战略伙伴关系"国际圆桌会议,就该主题进行深入广泛研讨,并在会上做总结发言。

论文《国际经济体系的变革、转型与中国的应对》提交上海市社会科学界联合会第四届学术年会，被评为优秀论文奖，收录在年会专辑中，同时刊载于《学术月刊》2006 年第 11 期；论文《东亚一体化发展态势和内外条件的点评》，载《亚太经济》2006 年第 1 期；论文《欧盟对华军售解禁问题的剖析和对策》作为内部专报上报，刊载于上海社会科学院欧洲问题研究中心《工作论文》上。另外，在《解放日报》、《东方早报》、《瞭望东方周刊》等报刊发表文章 4 篇。

2007 年

3 月 21 日，上海欧洲学会和复旦大学欧洲研究中心、华东师范大学欧洲研究中心、上海社会科学院欧洲研究中心、中国欧盟研究会等联合举办"欧洲一体化的历史意义和国际影响——纪念《罗马条约》50 周年"国际学术研讨会，欧盟驻华大使塞日·安博和欧洲多国驻沪总领事参会，我代表中方以"《罗马条约》：欧洲一体化的奠基石"为题，作会议主题演讲。

5 月，接待欧洲著名智库欧洲政策中心前主任克罗西克，就中欧战略伙伴关系等问题进行交流探讨。

与著名学者英国诺丁汉大学中国政策中心主任郑永年教授就中英、中欧关系进行学术交流。

10 月至 11 月间，根据"中国-欧盟欧洲问题研究中心"合作项目安排，赴德国进行为期 1 个月的学术交流和课题调研访问，考察了法兰克福歌德大学，在希尔德斯海姆大学参加学术研讨会，并在会上作了发言。

在《人民日报》海外版、《新闻晨报》发表时评 3 篇。

2008 年

2 月，主编的上海欧洲学会研究成果荟萃《欧洲一体化的走向和中欧关系》，由时事出版社出版。

4 月，与欧洲著名智库欧洲政策中心前主任克罗西克就"欧洲一体化和中欧关系"深入、广泛地交流探讨。

9 月，上海社会科学院在庆祝建院 50 周年之际为我颁发了"学术贡献奖"予以表彰。

12 月，参与研讨撰写的由中国社会科学院欧洲研究所周弘教授领衔的国家社科基金项目"欧洲一体化对世界多极化进程的意义研究"结项,作为结项成果的专著《欧盟是怎样的力量:兼论欧洲一体化对世界多极化的影响》由社会科学文献出版社出版。

论文《欧洲区域治理模式形成的背景条件》,载《国际观察》2008 年第 5 期;论文《欧盟治理模式的特征和发展态势》,载《世界经济研究》2008 年第 5 期;论文《欧盟软力量探析——欧盟治理模式的效应评价》,载《世界经济与政治》2008 年第 7 期;论文《关于欧洲模式的探索和思辨》,载《欧洲研究》2008 年第 4 期。

2009 年

1 月,接待欧洲议会人权办公室主任哈里斯,就欧洲议会的作用和中欧人权对话等问题作交流。

3 月,卸任上海欧洲学会会长一职,被推举为学会名誉会长。

5 月,参与接待美国乔治敦大学迈·维兹教授,就国际金融危机背景下的美俄中欧大国关系变化进行探讨。

12 月,主持的国家社科基金重点项目"欧洲一体化:一种社会发展模式的探索实践"于 2008 年结项,作为结项成果的专著《多元一体:欧洲区域共治模式探析》由上海社会科学院出版社出版。

2010 年

1 月,欧盟委员会前任驻华大使安高胜应邀就里斯本条约及其影响进行座谈。

2 月,与法国战略分析研究所主席弗格雷教授就里斯本条约问题等进行交流。

3 月,上海市社会科学界联合会予以表彰,并颁发"重要贡献"奖牌。

2011 年

2 月,分别与匈牙利驻沪总领事馆经济领事欧阳修、英国驻沪总领事馆政治、经济和新闻事务领事凯·狄更森,就欧洲债务危机和经济社会形势进行探讨。

4 月,邀请著名旅德华人学者关愚谦教授等就欧盟碎片化、法国极右翼势力抬头和中欧关系等问题进行交流。

5月，中国欧盟研究会和台湾欧洲欧盟中心经过多年努力，正式达成协议：筹备召开"两岸欧洲联盟研究学术论坛"，计划轮流主办、每年1次。

7月，匈牙利前驻华大使叶桐访问上海欧洲学会，就欧洲一体化和中欧关系进行座谈交流。

10月，德国绿党议会党团高级顾问奥伯毛厄博士与学会专家就欧债危机等问题进行探讨。

12月，在台北的台湾大学隆重召开第一届海峡两岸欧盟研究学术论坛，应邀赴会并以"'德国问题'与欧洲一体化的兴衰"为题作主题演讲。这一学术论坛至2018年已经在中国大陆和台湾轮流主办了8届，我全部出席。

论文《"德国问题"与欧洲一体化的兴衰》，载《德国研究》2011年第4期。

2012 年

6月，上海交通大学举办"当代中国外交特点议题分析"公共系列讲座，应邀与会并发表题为"危机中的欧洲和中欧关系"的演讲。

8月16日至17日，参与筹划，并参加在福建省厦门市召开的由外交部欧洲司主办、上海国际问题研究院与厦门市人民政府外事办公室联合承办的欧洲形势与中欧关系学术研讨会，外交部宋涛副部长发表演讲。

10月，应邀赴山东大学欧洲研究中心讲学2天，就欧债危机和欧洲一体化未来前景作演讲交流。

芬兰籍美国学者斯泰因伯克教授来访，就欧债危机和国际贸易竞争态势进行探讨。

2013 年

2月，欧洲议会驻美国办事处负责人哈里斯应邀来访，就欧美经贸关系和亚太局势等问题进行交流。

5月，德国前驻沪总领事龙贝格来访，就欧元危机和德国在欧盟中的作用等问题进行探讨。

6月,演讲稿《危机中的欧洲和中欧关系》被全文收录于上海交通大学郑华教授主编的《外交的智慧:中国国际关系名家演讲录》,由北京大学出版社出版。

10月,法国战略学会会长马翼科少将、欧盟驻南非使团参赞波京与多位专家来访,就欧债危机的来龙去脉和出路等问题进行交流。

11月,与捷克国际问题研究所前所长杜拉克就中捷、中欧关系与多位专家进行座谈。

论文《重新认识欧洲一体化的生命力——兼论欧债危机与欧盟转型》,载《人民日报》"人民论坛"主办的《学术前沿》2013年1月号(第18期)。为中国社会科学院国际研究学部集刊《认识变化中的欧洲》撰写《欧元、欧债危机和欧洲的未来》一文,强调应该充分深入研究欧盟一体化的危机,深刻反思21世纪以来欧盟扩大和深化一体化的政策和执行问题。

2014 年

3月,匈牙利世纪末基金会对外政策主任伯克塞博士、匈牙利驻沪总领事彼得施密特,就中国和中东欧国家关系等问题与上海欧洲学会学者进行探讨,并签订双方合作协议。

4月,德国国防大学米·斯塔克教授来访,就德国外交政策、乌克兰危机和中德关系等问题进行交流。

11月,论文《欧盟治理模式的特征及其对我国的启迪》提交上海市社会科学界联合会2014年学术年会,在年会上作了报告,被评为优秀论文奖。该文收录于《全面深化改革与现代国家治理》论文专辑,由上海人民出版社出版。

2015 年

3月,欧洲议会议员伊什特万博士率领的匈牙利塞格德大学代表团访问上海欧洲学会,就中匈和中欧关系进行交流,双方并就加强交流合作达成协议。

4月,美国国会反恐和非传统战争委员会前主席、美国国际战略研究协会研究部前主任博丹斯基等来访,就国际反恐形势等进行交流。

6月26日，在上海欧洲学会和上海社会科学院欧洲问题研究中心的资助下，《伍贻康文集》由上海社会科学院出版社正式出版。上海社会科学院世界经济研究所举行文集出版暨伍贻康从事欧洲研究和教学40周年座谈会，上海社会科学院院长和党委书记等60多位学界同仁出席。

11月，欧盟前驻华大使安高胜应邀与上海欧洲学会多位专家就欧盟面临内外挑战进行交流。

2016年

3月，塞尔维亚社会党副主席、前教育部长、梅特加仑德大学公共行政学系主任奥布拉多维奇教授访问上海欧洲学会，就中东欧国家发展态势以及中塞、中欧关系进行交流。

6月，英国朴茨茅斯大学马曼洪教授作"有差异的欧洲一体化"演讲，并与学会多位专家结合英国脱欧及影响问题进行探讨。

7月，欧洲知名的智库欧洲政策研究所（CEPS）欧盟外交政策部主任布洛克曼斯高级研究员与上海欧洲学会领导层就英国脱欧等热点问题进行探讨。

9月，在中国欧洲学会2016年北京年会上，以年过80岁为由再三请辞学会副会长之职，获得理事会同意，并被授予学会终身顾问。

11月，欧洲议会议员、欧洲议会驻华办事处幕僚长艾伯莱先生和欧洲新闻社副主编巴里卓特先生等一行访问上海欧洲学会，就英国脱欧、特朗普当选美国总统等问题对欧洲一体化的冲击进行交流。

12月，欧洲形势日益复杂多变，欧盟一体化经历多重危机，对于欧盟的负面评论增多，我在多次学术形势研讨会上发表了自己的看法。整理后以"重新审视欧洲一体化及其未来"为题撰写形势研判报告1篇，由上海欧洲学会以"研究报告"形式刊印上报。

2017年

4月，赴四川省成都市参加中国欧洲学会为纪念《罗马条约》签署60周年举行的学术年会，在大会上作"关于欧洲一体化的再思考"主题发言。

9月，上海市国际关系学会为表彰我在上海国际关系研究事业方面做出的卓越贡献,特授予"终身成就奖"。

10月,赴中国台湾高雄中山大学参加第七届海峡两岸欧盟研究学术论坛,并主持圆桌论坛。

2018 年

6月,赴广东省广州市中山大学参加中国欧洲学会 2018 年年会,以学会终身顾问身份在大会开幕式上受学会会长周弘教授委托,代表她作主旨演讲。

10月,参加上海市华东理工大学召开的第八届海峡两岸欧盟研究学术论坛,代表大陆学者在开幕式上致辞、在闭幕式上作总结发言。

2019 年

5月,参加上海市同济大学举办的中国欧洲学会年会,并以学会终身顾问身份在会议闭幕式上作总结发言。

7月,中国商务部欧洲司司长带队下基层,在上海市召开欧洲问题座谈会,我与会并作发言,探讨商务部与上海欧洲学会建立机制性联系和加强相关活动等问题。

附录二　著作目录*

[1]《欧洲经济共同体》，人民出版社，1983 年 3 月。

[2]《世界经济概论》上册(参与)，人民出版社，1983 年 7 月。

[3]《欧洲共同体经济学》(译著)，上海译文出版社，1985 年 11 月。

[4]《理想、现实与前景：欧洲经济共同体三十年》(主编)，复旦大学出版社，1988
年 8 月。

[5]《欧洲共同体：体制、政策、趋势》，复旦大学出版社，1989 年 3 月。

[6]《区域性国际经济一体化的比较》，经济科学出版社，1994 年 6 月。

[7]《全球村落：一体化进程中的世界经济》，上海社会科学院出版社、高等教育
出版社，1999 年 11 月。

[8]《经济全球化论丛》(主编)，上海社会科学院出版社、高等教育出版社，1999 年
11 月。

[9]《三足鼎立？全球竞争体系中的欧美亚太经济区》，上海社会科学院出版社，
2001 年 1 月。

[10]《区域整合与体制创新》，上海财经大学出版社，2003 年 6 月。

[11]《欧洲一体化的走向和中欧关系》(主编)，时事出版社，2008 年 2 月。

[12]《多元一体：欧洲区域共治模式探析》，上海社会科学院出版社，2009 年
12 月。

[13]《欧洲一体化发展轨迹研究——伍贻康文集》，上海社会科学院出版社，2015
年 6 月。

　＊　此处收录主要著作目录。

后记

2018年，上海社会科学院迎来建院60周年华诞。在王战院长和于信汇书记的直接推动下，在王玉梅副书记和谢京辉副院长的鼎力支持下，自2014年起，院科研处、老干部办公室联合启动了"老专家口述采访"项目，历史所一批中青年科研骨干参与其中。2016年，决定在此基础上推出首批老专家口述史单行本，《伍贻康先生口述历史》即为其中之一。

"老专家口述采访"项目伊始，伍贻康教授就是由我全权负责，两年后计划编撰刊行口述史单行本，自然也责无旁贷，继续由我推进。

伍贻康教授是名门之后，家族信史向前追溯可至明洪武年间；人生阅历极为丰富，做工、务农、为官、治学，兢兢业业，无不成绩斐然，一人之历史与近现代中国之大局皆息息相关，较常人则更紧密。对读者而言，如此这般精彩的个人口述阅读起来总是求之不得的；而对著者而言，这样复杂的历史资讯如何获取、验证、编排以至符合逻辑与史实，却是件棘手的工作。幸而，伍贻康教授也是历史学专业出身，不仅有清晰的档案意识，还有丰富的编纂经验；记忆力也是惊人，耄耋之年总让尚未不惑的我不时汗颜。两年中，我们二人配合无间，从编制学术年表入手破题，将其漫漫一生分为9个阶段，确定框架结构，化整为零，一一记录。在口述录音整理过程中，华东师范大学研究生何雯、景若琪帮助我形成文本雏形；书稿刊行面世之前，复旦大学出版社梁玲编审有丰富学识和编辑经验，且具备高度责任感，排除了许多行文中的疏误,以免贻笑大方;上海社会科学院党政办公室主任邵建研究员是这项系列学术工程的总负责人,每每遇到困难,我总是求其帮忙解决,一旦我有所懈怠也总会"及时"接到他的电话,可以说没有他,本书就不会如此顺利出版。在此,我一并致以衷心的感谢!

徐涛

2018 年 11 月于美国南加州大学

图书在版编目(CIP)数据

中国欧洲一体化研究的拓荒者:伍贻康先生口述历史/徐涛编著. —上海:复旦大学出版社,
2020.1
(上海社会科学院院庆60周年口述系列丛书)
ISBN 978-7-309-14114-6

Ⅰ.①中… Ⅱ.①徐… Ⅲ.①伍贻康-回忆录 Ⅳ.①K825.1

中国版本图书馆 CIP 数据核字(2019)第 211855 号

中国欧洲一体化研究的拓荒者:伍贻康先生口述历史
徐 涛 编著
责任编辑/梁 玲

复旦大学出版社有限公司出版发行
上海市国权路 579 号 邮编:200433
网址:fupnet@ fudanpress.com http://www.fudanpress.com
门市零售:86-21-65642857 团体订购:86-21-65118853
外埠邮购:86-21-65109143
江苏凤凰数码印务有限公司

开本 787×1092 1/16 印张 14.25 字数 188 千
2020 年 1 月第 1 版第 1 次印刷

ISBN 978-7-309-14114-6/K·684
定价:59.00 元